공부의 알고리즘

호시 도모히로 지음 | 홍성민 옮김

최고의 성과를 만드는 스탠퍼드 학습 공식

공부의
알고리즘

S T A N F O R D

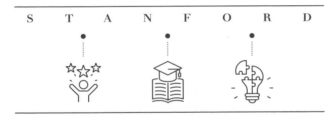

RHK
알에이치코리아

잘못된 공부법으로는
살아남을 수 없다

나는 미국 캘리포니아주 실리콘밸리 중심에 있는 스탠퍼드대학 부설 온라인고등학교Stanford University Online High School의 교장이다. 세계적인 스탠퍼드대학의 최첨단 교육과 실리콘밸리의 최신 기술을 접목해 여러 나라에서 모인 다양한 학생들의 배움을 도와주는 것이 나의 일이다.

그 결과 스탠퍼드온라인고등학교는 2020년 미국 시사주간지 《뉴스위크》에서 발표한 'STEM 교육에 주력하는 고등학교 순위'에서 미국 전국 3위(STEM은 Science(과학), Technology(기술), Engineering(공학), Mathmatics(수학)의 줄임말)에 올랐고, 같은 해 미국 교육 평가 기관 니치Niche가 매긴 고등학교 순위에서도 1위에 선정되었다. 이같은 평가를 얻을 수 있었던 것은 세계의 교육 경향에서 얻은 발상을 수업에 직접 활용할 수 있었기 때문이다.

인간은 살아 있는 한 끊임없이 배워야 한다. '배움'은 인류의 진화과 정에서 생존을 위해 스스로 발달시킨 막강한 생존 무기이다. 인간의 DNA에는 배우는 힘이 새겨져 있다. 그렇다고 아무나 배우는 힘을 발휘할 수는 없다.

지금까지의 공부 과정을 생각해 보자. 성적이 오른다고 생각했던 공 부법도 막상 실천해 보면 효과가 없는 경우도 많았다. 그럼 어떻게 공 부해야 원하는 결과를 낼 수 있을까? DNA에 새겨진 '배우는 힘'을 최대로 이끌어 내려면 무엇을 해야 할까? 최근 뇌과학과 심리학의 발 전으로 그 해답이 밝혀지고 있다.

이 책에서는 최첨단 과학의 풍부한 에피소드를 토대로, 공부의 알고 리즘을 소개한다. 이런 공부법이 어린이나 학생에게만 필요한 게 아니 다. '배움'이란 끊임없이 변화하는 환경에서 살아남는 도구다. 빠르 게 진화하는 현대 사회에서는 누구나 사는 동안 배움과 마주해야 한 다. 이 책은 그런 현상을 고려해 성인부터 어린이까지 배움에 도전하 는 사람들에게 도움이 되는 과학적인 공부법을 철저히 추구한다.

현대의 다양한 교육 경향 중에서도 최근 주목하는 것이 '배움의 원리' 이다. 우리가 공부할 때 머릿속에서 어떤 일이 일어날까. 우리의 행동과 마음은 배움에 어떻게 연관되는지, 그것들을 근거로 어떻게 효과적으로 배울 수 있을까. 이들 주제를 중심으로 뇌과학과 심리학의 인지과학 시점에서 배움의 본질을 규명해, 우리가 갖고 태어난 '배우는 힘'을 최대한 이끌어 내는 방법을 알려 주는 것이 '배움의 원리'이다. 그런 연구들이 이루어지는 한편, 현재 교육학 최전선에서는 전통적인 공부법의 좋고 나쁨이 재평가되고 새로운 공부법도 개발되었다. 그러나 안타깝게도 그런 '배움의 원리'로 터득한 지식이 실제 교육이나 학습 현장에는 보현화되지 못하고 있다.

매일의 업무와 생활에 쫓기는 상황에서 학교나 교직원, 하물며 일하면서 배우는 직장인이 최신 교육학의 성과를 확인해 활용하기는 쉽지 않다. '배움의 원리'를 근거로 한, 결과를 내는 공부법이 교육과 학습 현장에 폭넓게 침투하려면 아직 시간이 필요하다.

그렇지만 일부 학교와 직업 훈련 프로그램에서는 '배움의 원리'를 응용하고 있는 것도 사실이다. 그런 현장에서는 매우 높은 수준의 학습 성과를 인정받고 있고, 그 혜택을 받는 학생과 사회인도 조금씩 늘고 있다. 이 책의 목적은, 그런 현재 상황을 고려해 '배움의 원리'가 이끌어 낸 최강의 공부법을 여러분에게 알려 주는 것이다. 다음에 열거한 항목 가운데 하나라도 해당된다면 꼭 이 책을 읽자.

- 집중력과 기억력을 높이고 싶다.

- 한 번 배운 내용을 복습하는 가장 효율적인 방법을 알고 싶다.
- 독학으로 지식과 기술을 익히고 싶다.
- 효과적인 독서법을 알고 싶다.
- 나이 들어서도 효율적이고 지속 가능한 공부 방법을 익히고 싶다.
- 의욕을 끌어내고 싶다.
- 동기 부여를 유지하고 싶다.

학교 성적을 올리고 싶은 학생, 합격을 목표로 하는 수험생 그리고 그들을 돕는 부모, 가르치는 선생님, 일의 전문성을 키우려는 직장인, 퇴직 후 새로운 도전을 시도하려는 선배들…… 이 책이 배움과 공부에 관련된 모든 사람에게 도움이 되길 바란다.

배움은 평생 이어 가야 한다. 충실한 인생을 사는 데는 최고의 배움이 필요하다. 그렇게 하기 위해서 최신 '배움의 원리'를 따른 최강의 공부법을 이 책으로 습득하여 각자의 목표를 달성할 수 있다면 저자로서 더 큰 기쁨은 없을 것이다.

눈부시게 파란 하늘이 펼쳐진 스탠퍼드에서
호시 도모히로

공부머리 만들기

(2교시)

워킹 메모리 활용법

3교시
최강의 기억 학습법

(5교시)

격차를 만드는 두뇌 활용법

(6교시)

공부를 위한 마인드셋

(수업 전 안내)

이 책에서 다루는 '배움의 원리'는 뇌과학과 심리학을 토대로 해서 독자들이 어렵게 느낄 수 있다. 그래서 쉽게 이해할 수 있도록 수업 형식을 빌어 구성했다. 앞으로 독자 여러분은 교사인 나와 함께 각기 다른 나이와 생활 환경에서 살아온 4명이 최강의 공부법을 찾는 여정을 지켜볼 것이다.

수업 중간중간 뇌과학 용어가 많이 등장한다. 뇌를 이해할수록 원하는 결과를 더 빠르게 낼 수 있기 때문이다. 여러분은 이렇게 생각했을 확률이 높다. "나는 당장 성적이 올라가는 공부법이 알고 싶은 거지,

■ 1교시 공부머리 만들기

뇌와 배움에 대한 기초를 배운다. 우리의 DNA에 새겨진 '배우는 힘'을 알아본다. 전통적인 학습법의 효과를 철저히 분석한다.

■ 2교시 워킹 메모리 활용법

워킹 메모리에 대해서 배우고, 뇌가 가진 단기 기억 능력을 최대한으로 활용하는 공부법을 해설한다. 집중력을 높이는 방법도 알아본다.

■ 3교시 최강의 기억 학습법

배운 것을 효과적으로 기억하는 방법, '리트리벌retrieval'을 첨단 과학에 근거하여 설명한다.

■ 4교시 메타인지 각성법

'메타인지'에 대해 철저히 분석한다. 자신을 아는 것만으로도 성적도 향상된다. '능력 있는 사람'의 습관을 익힌다.

■ 5교시 격차를 만드는 두뇌 활용법

인간을 인간답게 하는 두뇌의 구조를 이용한 학습법으로, 뇌를 최대한 활용하는 방법을 알아본다.

■ 6교시 공부를 위한 마인드셋

어떻게 해야 동기 부여를 오래 유지할 수 있을까. 최신 심리학 이론을 통해 그 방법과 목표 세우기를 생각한다.

뇌에 대해 알고 싶은 게 아니다!"

지극히 자연스러운 반응이다. 그런데 여러분이 간과하는 사실이 하나 있다. 배움에 관한 원리, 학습과학을 배우는 것 자체가 학습 효과를 높이는 최고의 방법이라는 것이다. 효과적인 공부법을 습득하기보다 배움에 관한 원리를 익히는 것이 성적도 성과도 향상된다는 것이 확인되었다. 뇌과학을 통해 인간의 뇌에 관한 올바른 이해야말로 학습 효과를 향상시키는 지름길이다. 이것은 스탠퍼드대학 교육학부에서 주목하는 연구 성과의 일부이다. 이를 염두에 두고 이 책을 다음 형태로 활용해 보자.

1. 효과적인 공부법, 학습법의 백과사전으로 사용하자. 각 교시의 마지막에 그 시간에 다룬 공부법과 중요 포인트를 정리했다.
2. 배움에 관한 올바른 이미지를 갖기 위한 트레이닝을 하고, 학습 효과를 높인다.

백과사전과 트레이닝, 양쪽의 효과를 기대해도 좋다. 뇌과학을 접목한 새로운 공부법을 접하는 계기가 되길 바란다.

등장인물

선생님: 이 책의 저자. 참가자와 대화를 통해 '배움의 원리'와 '최강의 공부법'을 모조리 알려 주겠다는 의욕이 넘친다.

이수진: 인문계 고등학교 1학년생. 우등생 타입. 입학하자마자 대학 입시 공부를 시작하는 분위기에 당황하면서도 의과대학 입학이 목표라서 효율적인 공부법을 배우고 싶어 한다. 예의 바르고 꼼꼼한 성격이다.

박진우: 사회생활 중견 직장인. 커리어를 쌓아 관리직이 되고 싶다는 바람은 있지만 공부에 자신이 없다. 자칭 '운동부원 기질'이라고 한다. 어딘지 모르게 익살스러운 면이 있어 친해지기 쉽다. 주위 분위기를 너무 의식하는 경향도 있다.

김대호: 반년 전, 수십 년간 일했던 직장에서 퇴직한 60대. 현재 시니어 창업을 준비 중이다. 박식하고 차분한, 점잖은 아저씨 타입이다.

김혜영: 혜영은 강습과 취미 활동에 적극적이다. 밝고 발랄하다. 남편(김대호)이 잘못 말할 때마다 지적하고 비판한다.

1교시

공부머리 만들기

교실 앞 칠판을 향해 반원 형태로 4개의 책상이 놓여 있다. 문 근처에 앉아있는 고등학생. 동그란 안경 너머로 지적인 눈동자가 빛난다. 교복 차림새만으로도 꼼꼼한 성격이 그대로 드러난다. 책상 위 종이에 부지런히 뭔가를 적고 있다. 조금 간격을 두고 말끔한 양복 차림을 한 남성이 앉아 있다. 그 건너에는 60대 후반으로 보이는 두 사람이 앉아있다. 책상에 놓인 종이를 펜으로 가리키며 작은 소리로 대화하는 모습을 보니 부부 사이다. 쉴 새 없이 말하는 아내에게 남편은 주위를 의식해 무뚝뚝한 얼굴로 대응한다.

네 사람이 작성하는 것은 아래의 설문 조사.

수업 시작 전까지 작성해 주세요. 1교시에 사용합니다.

질문 1 현재 공부에 관한 고민은 무엇인가요?

_____

질문 2 다음 공부법 가운데 가장 자주 사용하는 것을 3가지 골라 주세요.

☐ **정리** | 중요한 요점을 정리해 노트에 적는다.

☐ **자기 설명** | 중요한 요점을 자신에게 설명한다.

☐ **밑줄 긋기** | 중요한 부분에 펜(형광펜)으로 밑줄을 긋는다.

☐ **키워드** | 사건명, 년도, 영어 단어를 말장난이나 키워드를 사용해 암기한다.

☐ **숙고** | 배운 내용에서 의문이 든 것을 곰곰이 끝까지 생각한다.

☐ **이미지** | 배운 것을 머릿속에서 동영상처럼 선명하게 이미지화한다.

☐ **다시 읽기** | 교재나 노트를 반복해서 읽는다.

☐ **테스트** | 배운 내용을 이해하는지, 기억하는지 테스트를 해본다.

☐ **인터벌** | 배운 것을 시간을 두고 다시 공부한다.

☐ **혼합** | 다른 과목이나 장르를 서로 번갈아 공부한다.

질문 3 사람이 공부할 때 뇌에서는 어떤 일이 일어날까요? 상상해서 작성해도 좋으니 답변해 주세요.

_____

학습 목표

- ☐ 공부법을 효과에 따라 분류할 수 있다.
- ☐ 인간이 가진 최고의 생존 전략이 무엇인지 말할 수 있다.
- ☐ 효과가 있다고 오해하는 공부법에 대해 설명할 수 있다.
- ☐ 인간의 두뇌가 인공 지능보다 뛰어난 이유를 설명할 수 있다.
- ☐ 장기 기억을 위한 학습법을 설명할 수 있다.

누구에게나 효과적인 공부법

혜영   선생님, 공부에 관련해 질문해도 될까요?

선생님   네, 물론이죠.

혜영   선생님은 스탠퍼드대학 출신이잖아요. 거기서 세계의 엘리트를 교육해 보셨고요. 그런 이들이 실천한 방법을 지극히 평범한, 혹은 그 이하의 학력學力밖에 없는 저와 남편이 따라 해봤자 의미가 없지 않을까요?

선생님   아주 좋은 질문입니다! 이번 수업의 핵심을 잘 꿰뚫었어요. 엘리트에게 효과적인 방법보다 평범하거나 성적이 나쁜 사람에게도 효과가 있는 방법을 알고 싶다는 것은 지극히 당연한 의견이죠. 이번 수업이 '배움의 원리'에 근거를 두는 이유도 바로 거기에 있습니다.

적당한 휴식은 좋은 학습 효과를 만드는 데 꼭 필요하죠. 과학적으로도 많은 연구 자료가 축적되어 있어요. 그런데 세상에는 예외적인 사람들이 존재합니다. 전혀 쉬지 않는데도 집중력을 유지할 수 있고, 학습 효과도 뛰어난 사람들이 드물게 있어요. 그들이 하루에 10시간을 쉬지 않고 공부해야 한다고 말해도 다른 사람들은 절대 따라 할 수 없습니다. 가령 소수의 능력자는 가능할지라도, 대부분 사람은 그런 방법으로 공부할 수 없거든요.

이번 수업에서 소개하는 공부법에는 엘리트에게만, 미국인에게만, 어린이에게만 적용된다는 식의 일부 사람들에게만 해당하는 방법은 없습니다. '배움의 원리'가 밝힌 공부법은 인간의 뇌와 마음의 구조를 근거로 하고 있어요. 이제부터 일부 사람들에게만 효과가 있는 공부법을 모두에게 학습 효과가 있다고 과학적으로 증명된 공부법으로 바꿉시다. 그렇게 하는 것으로 누구나 가진 '배움의 DNA'를 최대한 발휘하는 겁니다.

혜영   와! 선생님, 희망이 생겼어요. 힘들어도 최선을 다할게요.
선생님 네, 오늘 잘 부탁드립니다!

뇌과학자와 심리학자들이 엄선한 최고의 공부법

수진　　선생님, '습관과 경험으로 좋다고 여겼던 공부법'이란 수업 전 설문 조사의 공부법 리스트와 관련 있나요?

선생님　수진 학생 말대로예요! 수업 전 설문 조사(p.21)에서 10가지 공부법 가운데 여러분이 자주 사용하는 3가지를 골랐죠. 수진 학생은 어느 것을 골랐나요?

수진　　**정리, 밑줄 긋기, 다시 읽기**입니다. 솔직히 답한 건데, 다른 선택지를 보고 불안해졌어요.

진우　　괜찮아요. 나도 수진 학생하고 비슷해요. **밑줄 긋기, 다시 읽기** 그리고 **키워드**. 나랑 비슷해서 수진 학생 더 불안해지는 거 아니야?

선생님　두 분 모두 걱정 마세요.

혜영　　저는 **키워드, 이미지, 테스트**예요. 테스트는 게임 같아서 좋아요. 언어유희나 키워드를 생각하는 것도 잘하는 편이에요. 배운 것을 머릿속에 그리는 것도 재미있지 않아요?

대호　　재미있는 것도 좋지만 고생해서 하는 것도 중요해. 저는 스스로 납득할 때까지 생각하고 반복해서 하는 근성이 필요한 것 같아요. 그래서 **숙고, 자기 설명, 다시 읽기**입니다.

선생님　여러분 감사합니다. 참고로 이 10가지 공부법 리스트는 제 마음대로 작성한 게 아니에요. 미국의 뇌과학자와 심리학자들이 모여 지금까지 관련된 과학 연구를 토대로[1] 공부법의 효과에 어느 정도 과학적 근거가 있는지 평가했어요. 아래가 바로 10가지 공부법에 대한 평가 결과입니다.

10가지 공부법에 대한 평가

효과 수준	공부법
최고	테스트, 인터벌
보통	숙고, 자기 설명, 혼합
주의 요망	정리, 밑줄 긋기, 키워드, 이미지, 다시 읽기

수진   선생님! 역시 안 좋은 예감이 적중했어요. 제가 고른 공부법은 전부 '주의 요망'이에요. 제발 도와주세요.

혜영   수진 학생, 걱정하지 말아요. 나도 주의 요망이 2개지만 지금까지 60년 넘게 잘 살아왔어요.

진우   혜영 님 말씀대로예요. 수진 학생, 괜찮아요. 나도 3가지 전부 주의 요망이지만 영업 실적은 최고였어. 나와 같다고 하면 더 불안해할까?

선생님   여러분에게 충격을 준 것 같아 미안합니다. 하지만 지금까지 효과적이지 않은 방법으로 공부했어도 오늘 수업이 터닝포인트가 될 겁니다. 이 결과를 좀 더 자세히 살펴보죠.

먼저 '**최고**'는 분야와 세대를 가리지 않고 기억력과 이해력, 응용력 등이 향상한다는 과학적 근거를 충분히 보인 공부법입니다.

'**보통**'은 세대와 분야에 따라 효과가 다르거나 과학적 근거는 나름대로 있지만 상반된 연구 결과도 나오는 공부법입니다.

'**주의 요망**'은 효과가 나타나는 세대와 분야가 '보통'보다 한정적이라 주의가 필요하거나 혹은 과학적 근거가 미덥지 않은 공부법입니다. 주의 요망이지만, 어떻게 사용하느냐에 따라서 학습 효과가 달라집니다.

아무튼 중요한 것은 '최고'인 공부법을 학습에 최대한 활용하는 겁니다. 이 가운데 **테스트**와 **인터벌**에 대해서는 3교시에 자세히 알아보겠습니다. 그 외의 공부법은 어떤 경우에 효과적인지 이해해서 말 그대로 '주의'하며 사용해야 합니다.

주의 요망 공부법

대호   **정리**와 **다시 읽기**가 효과가 없는 것은 아니군요. 말 그대로 '주의'해서 사용해야 하는 거네요.

선생님   그렇습니다. 대호 님이 선택한 **숙고**는 비교적 폭넓은 세대에 게 효과가 확인되었어요. 경험을 쌓은 학습자에게 추천합니 다. 원래 그 분야에 지식이 있거나 어느 정도 생각하는 훈련 이 되어 있는 경우에 특히 효과적입니다.[2]

            자기 설명도 폭넓은 세대에서 효과가 확인되었습니다. 단, 자 신의 머리로 생각한 것이어야 합니다. 교과서에 제시된 것 을 보면서 설명하는 것으로는 효과를 얻기 어려우므로 주 의가 필요합니다.[3]

혜영   선생님, 다른 것은 어때요?

선생님   네, '보통'에 속하는 **혼합**은 같은 주제나 과목을 집중적으로 배우는 공부법과 정반대의 공부법입니다. 새로운 주제나 과 목을 공부할 때는 먼저 집중적으로 새로운 것을 공부하고, 이후에 학습한 내용을 정착시키기 위해 **혼합**으로 공부하는 것이 효과적이죠.[4]

            가령, 초등학생이 사칙 연산(덧셈·뺄셈·곱셈·나눗셈)을 배운다 고 합시다. 덧셈과 뺄셈 후에 곱셈을 처음 배울 때, 일단 곱셈에 집중하죠. 익숙해지면 덧셈과 뺄셈과 같은 **혼합**으로 배운 것을 정착시킵니다. 곱셈에 익숙해지기 전에 **혼합**을 사용하면 혼란스러워요.

진우   알겠습니다. 선생님, 이제 슬슬 저와 수진 학생도 도와주세요. 다른 공부법은 어때요?

선생님   '주의 요망'도 잘 사용하면 효과를 발휘합니다. 어떤 사람에게 효과적이고, 어떤 효과를 기대할 수 있는지 정리했어요.

주의 요망 공부법

공부법	특징
정리	• 문장력과 정리하는 힘이 있는 사람에게 효과적[5] • 분야에 어느 정도 이해가 있는 경우에 효과적[6] • 문장력이 부족하거나 새로운 분야 학습 시 주의 요망
밑줄 긋기	• 큰 학습 효과는 없음[7] • 중요한 부분을 눈에 띄게 하여 주목하는 데 도움을 줌 • **정리**나 **숙고**와 병행해 밑줄 친 부분에 생각과 정리를 메모하면 효과적
키워드	• 언어유희나 키워드를 사용하는 기억법에 익숙해질 필요 있음 • 외국어나 항목 나열 등, 구체적인 단어나 이름이 나오는 경우 효과적 • 단기 기억: 효과 있으나 키워드 없이 기억할 때에 비해 잊어버리기 쉬우므로 주의 요망[8] • 장기 기억: 다른 공부법과 병행해 사용하는 것을 추천

이미지	• 역사나 국어 등 인물 혹은 스토리와 같이 이미지를 사용하기 쉬운 소재에 효과적 • 추상적이거나 난해한 소재한 경우 비효율적 • 응용 혹은 깊은 이해를 위한 학습 시 효과적이지 않음[9] • 학습 효과는 시각화하는 능력의 차이에 따라 크게 좌우됨[10]
다시 읽기	• 며칠 간격을 두고 다시 읽을 경우, 내용을 기억하는 데 효과적 • 응용력 향상에 도움되지 않음[11] • 두 번째부터 효과가 급감하므로 **테스트** 등 다른 공부법과 병행

선생님　'보통'과 '주의 요망' 중에 자신이 자주 사용하는 공부법이 있다면, 위의 내용을 참고해 방법을 조정하면서 학습 효과를 높이면 될 겁니다.

혜영　자신의 공부법을 이렇게 자세히 생각해 본 적은 솔직히 없어요. 오늘 하루 만에 많이 달라질 것 같아요. 감사합니다. 수진 학생도 속이 시원하죠?

수진　살았다는 생각이 들어요. 감사합니다.

유전자는 USB, 머리는 하드디스크

대호　주제에서 벗어난 이야기일 수 있는데, 질문이 있습니다.

선생님   네, 괜찮습니다.

대호   아까 '배움의 DNA'라고 표현하신 것이 인상적이었습니다. '배우는 힘'을 인간이 진화하는 과정에서 획득해 DNA에 새겼다는 것은 상상할 수 있습니다. 그런데 납득이 되지 않는 부분이 있어요.

         다윈의 진화론에 의하면 혹독한 자연 도태를 이겨낼 수 있는 특징이 진화 과정에서 남는 거잖아요. 태어나서 아무것도 모르고, 아무것도 할 수 없다면 자연 도태에서 불리하지 않을까요? 태어나서 바로 걸을 수 있는 동물처럼, 인간도 살아가는 데 필요한 지식과 기술을 습득한 상태에서 태어나면 자연 도태를 이겨낼 수 있지 않을까요?

진우   사실은 저도 선생님이 '배움이 가장 중요한 생존 전략'이라고 말씀하신 것이 잔가시처럼 목구멍에 걸렸어요. 배우기보다 아는 것, 기술을 가지는 것이 생존 전략으로 더 적합하지 않을까요? 만약 인간이 필요한 지식과 기술을 가지고 태어난다면 지금처럼 전문성을 키우려고 공부할 필요도 없을 거예요.

혜영   자신이 일하고 있는 회사를 위해 더 공헌하고 싶다. 그래서 승진 시험을 보려는 거잖아요?

진우   아니, 그게 아니라……. 네, 열심히 하겠습니다!

선생님 대호 님, 진우 씨, 좋은 지적입니다. 제가 설명하겠습니다. 먼저, 뇌는 유전자에 입력할 수 있는 정보량보다 훨씬 많은 정보량을 축적할 수 있는 구조로 되어 있어요.

수진 역시. 알기 쉽게 설명해 주셔서 고맙습니다.

진우 벌써 알았어요? 천재인가?

선생님 다른 여러분을 위해 좀 더 설명하죠. 인간의 DNA는 A Adenine, (아데닌), T Thymine (티민), G Guanine (구아닌), C Cytosine (시토신), 4가지 부품(염기)으로 되어 있습니다. A와 T, G와 C의 쌍이 30억 개 정도 이어진 나선 구조로 되어 있고, 그 염기 배열이 신체의 '설계도'입니다. 반면에 뇌에는 뉴런이라는 신경 세포가 약 860억 개 있고,[12] 각각 수많은 다른 뉴런과 연결되어 있습니다. 그 연결을 시냅스 결합이라 하는데, 그 수가 약 100조라고 해요.[13]

여기까지를 단순화해서 정보량으로 환산해 봅시다. DNA의 경우, 30억 개의 염기쌍을 단순히 1비트라고 하면 우리의 유전자 정보는 약 350메가바이트로, USB 하나에 들어갈 정도의 정보량입니다. 반면에 뇌의 시냅스 결합을 1비트라고 하면 전부 수십 테라바이트로, USB가 수천 개나 필요한 정보량입니다. 가정용 컴퓨터 하드디스크 10개로도 부족해요.

즉, **뇌의 용량은 DNA에 담길 수 있는 것보다 훨씬 큽니다.** 대략적인 계산이지만, 학습으로 뇌에 축적한 지식과 기술을 DNA에 전부 저장해 두는 것은 불가능합니다.

학습은 최고의 생존 전략

선생님   또, 충분한 지식과 기술을 DNA에 입력했다 쳐도 '배움'은 혹독한 자연 도태를 극복하는 데 중요한 무기가 됩니다. 동물을 둘러싼 환경은 매우 다양합니다.

더운 지역, 추운 지역, 기후와 지형뿐 아니라 마주치는 식물과 동물도 장소에 따라 다양하죠. 이런 각기 다른 환경 속 진화 과정에서 가장 적합한 특징을 획득한 생물이 자연 도태를 이겨낼 수 있어요.

대호   다윈의 '생존 경쟁 struggle for survival'이군요.

혜영   우리 동네 반상회도 다들 조용한 편인데, 최근 이사 온 사람이 말썽이라 어떻게 대해야 할지 고민이에요.

선생님   정말 고민이겠어요. 같은 종의 생물도 각각 달라서 그 안에서 적절히 대응하지 않으면 안 되죠. 어떤 생물이든 혹독한 자연 도태를 이겨내기 위해서 다양하고 시시각각 달라지는 변화에 대응해야 합니다.

반면에 생물들이 진화를 거쳐 DNA를 업데이트하는 데는 무수한 세대를 거쳐야 하므로 수천 년, 수만 년, 방대한 시간이 걸리죠. 그래서 **환경 변화에 대응하기 위해서는 끊임없이 배우는 것이 가장 효과적**입니다.

진우 　저희 아버지도 자신이 한창 일할 무렵 도움이 되었던 지식과 기술이 지금은 거의 통용되지 않는다고 한탄하세요. 그 지식과 기술이 아버지를 통해 제 DNA에 들어 있어도 저는 현대 사회에서 새로운 기술을 배워야 하죠.

선생님 　태어남과 동시에 여러 가지 지식과 기술을 배우며 성장하는 것으로 인류는 유연하게 환경 변화에 대응할 수 있어요. 태어난 순간부터 '배우는 힘'으로 주위 환경에 적응하는 전략이 인류가 획득한 최대의 무기죠.

인공 지능보다 뛰어난 인간의 두뇌

혜영 　아무튼 인간의 뇌는 정말 대단해요. 그런데 인공 지능은 인간의 뇌를 능가하지 않나요? 바둑 세계에서는 인간보다 강한 것이 만들어졌잖아요.

선생님 확실히 최근 인공 지능 기술의 발전은 놀라울 정도예요. 컴퓨터도 인간처럼 새로운 지식과 기술을 배울 수 있는 기술이 바로 머신 러닝machine learning이죠. 최근에는 그 기술의 일종인 딥러닝deep learning, 심층 학습이 나왔는데 들어 본 적 있을지 모르겠습니다. 이것은 인간의 뇌 속 신경망을 컴퓨터 상에 흉내 낸 뉴럴 네트워크neural network, 인공신경망 시스템을 토대로 한 기술인데, 이것으로 인공 지능이 달성할 수 없었던 것들이 차츰 가능해졌습니다.

혜영 님이 지금 말씀하신, 바둑 세계에 등장한 인공 지능이 '알파고AlphaGo'입니다. 바둑 세계 챔피언을 이긴 것으로 유명해졌죠. 컴퓨터가 단번에 인간의 수준을 뛰어넘은 예죠.

대호 하지만 인간에게는 컴퓨터가 뛰어넘을 수 없는 특별한 능력이 있는 것 같은 기분이 들어요. 반면에 특이점singularity(인공 지능이 진화하다가 인류의 지능을 초월하는 기점 - 옮긴이)랄까, 세계가 인간 이상의 지성을 가진 인공 지능의 지배하에 놓인다는 말을 들으면 그것대로 위협을 느껴요.

요전에 스페이스엑스SpaceX와 테슬라Tesla의 CEO인 일론 머스크Elon Musk가 2025년까지 인간보다 뛰어난 인공 지능이 나올 것이라고 발언한 기사를 읽었어요.[14] 정말 인공 지능이 인간을 능가할까요?

선생님　글쎄요. 인공 지능이 언젠가 인간을 능가할 거라고 말하는 사람들에게도 일론 머스크의 2025년 주장은 상당히 극단적인 입장인 것 같습니다. 이는 다양한 분야의 사람들이 논의를 거듭하고 있는 주제라서 관련 내용도 상당히 넓고 전문적입니다. 이 주제만으로 하루 동안 수업을 하고 싶지만 여기서는 일부만 말하겠습니다.

인공 지능이 바둑과 얼굴 인식 등의 특정한 일에서 부분적으로 인간의 지성을 모방할 수 있어도 지성 전체를 커버할 수 있게 되기까지는 상당히 시간이 걸린다, 혹은 애당초 불가능하다는 주장도 적지 않습니다.[15] 현재의 인공 지능으로는 아직 흉내 낼 수 없는 인간의 능력이 많아요.

가령 **인간은 약간의 수열을 참조하면 터득할 수 있는 것도 인공 지능은 몇 백만이나 되는 수열을 배워야 하죠.** 마찬가지로, 인간은 2시간 정도면 능숙하게 할 수 있는 TV 게임도 첨단 인공 지능이 배우려면 수백 시간이 걸립니다.[16] 이런 점에서 지금까지의 인공 지능 모델은 인간의 배움을 충분히 재현하지 못한다고 주장하는 학자도 있습니다.

인간은 이미 많은 것을 알고 있다

수진   그런데 선생님. 인간이 TV 게임을 터득할 때는 이미 필요한 능력을 갖추고 있어요. 화면에 나오는 캐릭터를 인식한다든지, 장면의 의미를 이해한다든지, 혹은 유사한 게임을 하는 경우도 많잖아요.

　　　AI가 학습하기 위해서 많은 데이터를 필요로 하고 시간이 걸리는 것도 제로에서 시작하기 때문이 아닐까요? 그렇다면 지금의 머신 러닝도 인간의 배움을 효과적으로 재현할 수 있는 가능성이 충분히 있지 않을까요?

선생님 역시 수진 학생, 예리한 지적이에요. 확실히 학습 전인 '제로 상태'의 AI와, 태어나면서부터 지식을 쌓아 온 인간을 비교하는 것은 공평하지 않아요. 그럼 갓난아기는 어떨까요? 사실 갓난아기와 AI를 비교하는 것도 상당히 불공평합니다. 이미 **갓난아기도 많은 것을 알고 있기 때문이에요. 숫자나 사칙 연산,[17] 논리적인 추론[18]과 확률적인 직감까지 말이죠.[19]**

　　　물론 오랫동안 지속적으로 배워 온 우리들에 비하면 지극히 초보적인 수준이지만 갓난아기는 환경에 순응하기 위해 필요한 지식의 기초를 이미 갖고 태어난다는 것이 심리학과 뇌과학 연구로 밝혀졌어요.

대호   갓난아기는 스케치나 밑그림 같이 이미 중요한 지식의 일
      부가 입력된 채 태어나는 거군요.

선생님   네, 그렇습니다. 로크나 루소 등의 철학자를 비롯해 근현대
        사상가와 과학자들 대부분이 갓난아기의 두뇌는 '새하얀 캔
        버스' 상태라고 이해했죠. 그러나 첨단 과학은 그런 예상을
        정면으로 뒤집었습니다.

        인간은, 말하자면 '지능의 기초 블록'을 이미 습득한 상태로
        태어납니다. 그것을 사용해 주위 세계로부터 배움을 얻죠.
        **지능의 기초 블록은 인류가 자연 도태를 극복하면서 오랜 시간
        을 거쳐 DNA에 새긴 생존 장치입니다.**

        즉, 수진 학생의 말처럼 주어진 일에 관해 제로부터 학습을
        시작하는 AI와 인간의 지능을 비교해서 'AI는 시간이 너무
        걸린다'고 하는 것은 불공평하죠. AI가 제로부터 일을 학습
        하는 데 방대한 데이터와 시간이 필요한 것도 그런 시점에
        서 보면 당연한 겁니다. 최근 들어 인공 지능은 인지 연구를
        토대로 발전하고 있어요.

혜영   선생님, 인간의 DNA에 새겨진다는 것은 이상한 이야기지
      만, 선생님도 저도 같은 지능의 기초 블록을 갖고 태어난다
      는 건가요?

선생님   그렇습니다. 예외적인 경우를 제외하고 우리 인간은 수$_數$ 감

각이나 계산, 논리 등의 능력에서 공통된 잠재력을 갖고 태어납니다. 우리는 태어나면서부터 많은 것을 배워 나가지만, 제로부터 시작하는 것은 아니죠.

뇌의 회로는 배울 때마다 바뀐다

선생님 수업 전 설문 조사에서도 생각해 보았는데, 우리가 무언가를 배울 때 뇌에서는 어떤 일이 일어날까요?

수진 뇌의 신경 세포인 뉴런이 시냅스를 통해 전기 신호를 주고받아요.

선생님 네, 좋아요! 우리가 뭔가 배울 때 뇌에 전기 펄스가 흘러 다수의 뉴런이 발화합니다. 이때 동시에 발화한 뉴런과 뉴런을 잇는 새로운 시냅스가 형성되거나 이미 있는 시냅스가 커지죠. 배우는 것만으로 해당하는 뉴런의 회로가 강화되어 다음에 비슷한 일이 일어났을 때 그들 뉴런이 활성화되기 쉬워지죠.

대호 배우는 것으로 우리의 뇌는 변화하는 거군요.

선생님 네, 말 그대로 변화합니다. 우리가 뭔가를 배울 때마다 수백만 개의 뉴런이 변화하는 것을 상상해 보세요. 변화 과정은 수 시간, 혹은 수일 걸리는 경우도 있고, 많은 영양과 에너지를 필요로 합니다. 어린아이의 경우 에너지의 50퍼센트가 뇌에서 소비됩니다.[20]

혜영 하지만 우리 같은 '노인'의 뇌는 뭔가를 배워도 변화가 없지 않을까요? 변화는커녕 나이 먹을 때마다 뇌세포가 점점 죽는 거 아니에요?

선생님 노인이라뇨, 우리가 배울 때마다 뇌에 변화가 일어나는 현상에 나이는 전혀 관계없습니다. 뇌의 '가소성plasticity'이라 해서 나이를 먹어도 우리의 뇌는 계속 변화하는 것이 지금까지의 뇌과학의 성과로 밝혀졌습니다.[21]

런던의 택시 운전사는 시내 지도를 전부 외워야 하죠. 그들의 뇌를 조사해 보면 공간 인식을 하는 뇌의 부위가 평균보다 큰 것을 알 수 있어요. 취직해서 운전사 연수를 받고 런던 시내의 지도를 배우는 것으로 뇌의 특정 부위가 점점 커진 것이죠. 그러나 택시 운전을 그만두면 뇌의 크기가 원래대로 돌아간다고 합니다.[22]

효율적인 학습이란 무엇인가

대호   그런데 선생님, 갓난아기와 노인을 비교했을 때 똑같이 뇌가 변화하는 것은 아니지 않아요?

선생님   네, 연령에 의한 차이는 부정하기 어려운 사실입니다. 예를 들어 일반적으로 정보 처리 속도나 장·단기 기억 등의 능력은 20대를 기점으로 서서히 저하한다는 것이 밝혀졌어요.[23] 실제로 전두엽과 해마 등, 뇌의 해당 부분이 작아지는 것도 알게 되었죠.[24]

    하지만 우울해할 필요는 없습니다. 정보 처리 능력이나 기억력이 약해지지만, 전체적인 지식 용량은 20대를 지나 80대까지 증가합니다.[25] 전두엽의 크기는 나이가 들수록 작아지지만, 오히려 더욱 활발하게 활동하는 것도 밝혀졌어요.[26] 또한 젊을 때는 좌뇌 중심으로 처리하는 일을 나이가 들면 우뇌에 의지하면서 처리해 나가는 것으로 드러났습니다.[27]

    즉, 우리가 나이가 들어 쇠약해지는 것에 맞춰서 모자라는 부분을 보충하도록 뇌의 '사용법'이 변하는 것이죠. 그게 다가 아닙니다. 해마처럼 배움에 중요한 뇌의 부위에는 나이가 들어도 새로운 세포가 생긴다는 것이 밝혀졌어요.[28] 지속적인 학습과 운동, 그 외의 두뇌 트레이닝은 뇌의 가소성을 유지하는 데 도움이 됩니다. 적당히 몸을 움직이면서 지속적으로 배우는 것이 중요합니다.

혜영   기분이 조금 밝아졌지만 그래도 젊을 때 해두지 않으면 안 되는 것도 있잖아요. 영어 발음이라든가, 아무리 노력해도 나이 들어서 시작하면 술술 나오지 않아요. 계산이나 사고력도 그렇지 않을까 싶은데요?

선생님   네. 예를 들어 언어의 발음은 해당하는 뇌의 영역이 유·소아기 단계에서 고정화됩니다. 능력에 따라 시기에 차이는 있지만 사고력을 포함해 사춘기까지는 상당 부분에서 고정화가 진행되죠. 하지만 고정화라고 해서 배움이 멈추는 것은 아닙니다. **고정화에 의해 지능의 기초 블록이 일단 완성되는 것일 뿐, 우리는 이후에도 블록을 복잡하게 조합해 계속 배울 수 있어요.** 가령 언어의 발음 능력은 3세 정도에 고정화됩니다. 발음할 수 있는 소리의 기초 블록이 만들어지는 것이죠.

하지만 새로운 언어를 습득할 때는 지금까지 습득한 소리를 내는 방법을 적절히 활용하면서 정확한 발음과 악센트에 근접할 수 있습니다. 그래서 발음 능력이 고정화된 후라도 초등학생과 중학생 등 비교적 빠른 시기에 시작하면 원어민에 가까운 발음이 가능해지죠.[29]

마찬가지로 수학도 사칙 연산처럼 간단한 것부터 시작해, 점차 미적분이나 보다 복잡한 방정식으로 나아갈 수 있습니다. 고정화 후에 어떤 기초 블록을 쌓아 가느냐에 따라서 차이가 나는 겁니다.

뇌가 가진 놀라운 기억력을 주목하라

선생님 우리가 뭔가를 배울 때 없어서는 안 되는 것이 기억입니다. 1교시 마무리로 기억에 관한 뇌의 작용에 대해 조금만 다루겠습니다. 우리의 기억에 대응하는 뉴런 회로는 뇌의 다양한 영역에 미쳐 있습니다.

가령 사회 수업에서 '2009년 오바마 대통령 취임'에 대해 배웠다고 합시다. 2009년이라는 해, 오바마라는 인물, 대통령이라는 지위, 취임이라는 개념에 더해서 그때 수업 설명과 교과서에 실린 오바마 대통령 사진 등의 정보…….

하나의 사항 안에도 여러 정보가 있습니다. 그것들이 서로 관련되거나 시각과 청각 등의 다른 인지 기능과도 얽혀 있어, 이에 대응하는 뉴런 회로는 뇌의 다양한 부분과 연결합니다. 기억에도 몇 가지 종류가 있어서 각각의 기능에 대응하는 영역이 뇌의 여러 군데에 분산해 있죠. 그럼 기억의 종류에는 어떤 것이 있을까요?

수진   워킹 메모리와 장기 기억?

선생님   역시 수진 학생. 워킹 메모리는 지금 생각했거나 떠오르는 것을 그대로 의식에 담아 두는 뇌의 기능입니다. 지금부터 5개의 숫자를 말할 테니 기억해 보세요.

4, 1, 6, 7, 2

진우   선생님, 이건 그럭저럭 할 수 있어요. 4, 1, 6, 7, 2

선생님   좋아요. 내가 지금 말한 5개의 숫자를 진우 씨가 기억했습니다. 그것을 가능하게 한 것이 뇌의 워킹 메모리에요. 여기서는 간단하게 설명하고, 좀 더 자세한 것은 2교시에 다루겠습니다.

워킹 메모리는 이마에서 두정부 부근에 있는 전두엽과 두정엽이 관련하는 뇌의 기능입니다. 반면에 장기 기억에는 몇 가지 종류가 있는데, 아시나요?

대호   잘 모르겠지만, 일단 그중 하나는 자전거 타는 것을 몸이 기억하는 것 같은 기억 아닌가요?

선생님   그렇습니다. 지금 대호 님이 예로 든 기억을 '절차 기억'이라고 합니다. 동작으로 옮길 수는 있지만 그 하나하나를 말로 의식하거나 설명하는 것이 반드시 가능하다고는 할 수 없는 기억이죠. 상대적으로 말로 할 수 있는 장기 기억도 있는데 이쪽은 '에피소드 기억'과 '의미 기억' 두 종류입니다. **에피소드 기억은 한 번뿐인 상황에 관한 기억을 말합니다.** 앞의 예로 말하면 2009년 오바마 대통령 취임이라는 사실을 배운 수업의 풍경과 선생님의 설명, 교과서의 사진과 문장의 이미지 등은 오바마 대통령 취임에 대해 배웠을 때의 에피소드에 관한 장기 기억이므로 '에피소드 기억'이 되겠습니다. **반면에 의미 기억은 사실이나 일반적인 개념에 대한 기억입니다.** 2009년 오바마 대통령 취임은 어떤 형태로 배우든 역사적 사실에 관한 의미의 기억으로, 특정 수업이나 교과서에 좌우되지 않는 역사적 사실과 그에 관한 개념에 대한 장기 기억입니다.

장기 기억은 잠자는 동안에 이루어진다

선생님   이 두 종류의 장기 기억(에피소드 기억과 의미 기억)은 뇌의 다른 기능에 따른 것입니다. 2009년 오바마 대통령 취임에 대한 수업을 받았을 때 강사의 설명, 교과서의 기술, 강사와 학생의 문답, 스스로 생각한 것 등 학습 때 필요한 것을 의식에 담아 둡니다. 워킹 메모리죠.

그리고 그 수업의 풍경이 에피소드 기억으로 뇌에 남습니다. 이때, 뉴런의 회로가 실제로 변합니다. 이 변형은 뇌의 해마 부위의 뉴런을 통해서 일어납니다. 에피소드 기억은 일단 해마에 '축적'되는 것이죠.

그런데 그렇게 축적된 에피소드 기억은 계속 해마에 고정되는 게 아닙니다. 수면 중에 변화가 일어나죠. 잠을 자는 사이에 해마의 뉴런이 일단 축적된 에피소드 기억을 그 기억에 관련된 뇌의 각 부분에서 재방영합니다. 그에 동반되는 뉴런 회로의 발화로 에피소드 기억이 형태를 바꿔 의미 기억으로 장기 기록되는 겁니다.

수진   말하자면, 해마와 수면은 장기 기억에서 키 플레이어 역할을 하군요.

진우   역시 우리 우등생! 설명이 알기 쉬워요.

선생님   네, 맞아요. 해마는 에피소드 기억과 의미 기억에서 중요한 작용을 합니다. 질병이나 수술로 해마를 잃으면 기억 능력에 큰 지장이 생기죠. 또, 수면에 대해서는 장기 기억과의 관계에 대해 다양한 연구가 이루어졌어요.

가령 해마에 기억되는 모든 일이 의미 기억으로 남는 것은 아닙니다. 남는 것과 남지 않는 것이 있어요. 그렇다면 어떤 기억이 남는 것일까요? 기억하고 싶은 정보를 확실히 장기 기억으로 남기려면 어떻게 해야 할까요? 이를 위해서 'TMR Targeted Memory Reactivation'이라는, 목표를 겨냥한 기억 정착법이 연구되었습니다.

예를 들어, 장미꽃 향기가 나는 방에서 공부한다. 그리고 그날 밤 똑같이 장미 향이 감도는 방에서 잠을 자면 장미꽃 향기를 맡을 때 배운 것이 장기 기억되기 쉽다는 것이 밝혀졌습니다.[30] 잠을 자는 동안 학습 당시의 장미 향이 재현되고, 해마에 축적된 학습 내용의 '재방영'이 촉진되어 의미 기억이 되는 것이죠.

마찬가지로 공부할 때 들었던 음악을 수면 시 반복해 듣는 방법도 효과가 있다는 것을 알았습니다.[31] 뇌의 기억 기능은 이렇게 매우 심오하고 흥미롭습니다. 이후 수업을 통해 자세히 알아보기로 하죠.

자, 그럼 여기서 1교시를 마치겠습니다. 다음 시간은 워킹 메모리에 대해 자세히 배워 보겠습니다. 공부에 꼭 필요한 워킹 메모리를 어떻게 활용할지 알아봅시다.

1교시 핵심 정리

① 무턱대고 전통적인 공부법을 따를 것이 아니라 '배움의 원리'에 근거한 뇌의 구조에 맞는 공부법부터 시작해 자신에게 맞는 방법을 찾는다.

② 10가지 공부법은 효과와 사용법에 주의한다.

- **최고: 테스트, 인터벌**

- **보통: 숙고, 자기 설명, 혼합**

- **주의 요망: 정리, 밑줄 긋기, 키워드, 이미지, 다시 읽기**

③ 뇌의 용량은 DNA에 입력할 수 있는 용량보다 훨씬 크다. 살아가는 데 필요한 지식을 입력하기에는 DNA 용량이 부족하다.

④ 배우는 힘은 인간의 진화 과정에서 획득한 최고의 생존 전략이다. 변화하는 환경에 대응해 지식과 기술을 변화시키는 힘이다.

⑤ 태어난 지 얼마 안 된 갓난아기여도 많은 것을 알고 있다. 사칙 연산, 논리적인 추론과 확률적인 직감의 토대를 갖고 태어난다.

⑥ 성인이든 어린아이든 배울 때마다 뉴런의 회로가 변화한다.

⑦ 뇌가 노화해도 뇌의 사용법이 효율적으로 바뀌어 기능이 보완된다. 나이가 들어도 충분히 지식을 늘릴 수 있다.

⑧ 장기 기억의 종류는 크게 3가지로 나눌 수 있다.

- **절차 기억**: 말로 설명이 어렵고 동작으로 옮길 수 있는 기억(예 자전거 타기)
- **에피소드 기억**: 한 번뿐인 상황에 관한 기억(예 수업의 풍경, 선생님의 설명 등)
- **의미 기억**: 사실이나 일반적인 개념에 대한 기억(예 역사적 사실)

⑨ 에피소드 기억으로 배운 것은 일단 뇌의 해마를 통해 기억되고, 잠을 자는 사이에 '재방영'된다. 그 결과 의미 기억으로서 오래 기억이 된다.

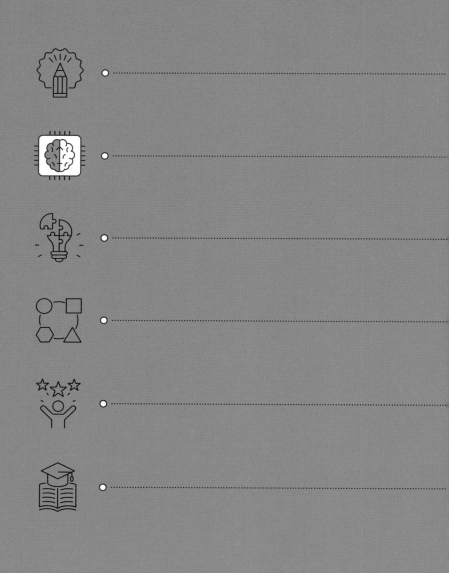

2교시

워킹 메모리 활용법

쉬는 시간.

혜영과 진우가 즐겁게 대화한다. 혜영은 스마트폰으로 진우에게 동영상을 보여 준다. 영상 속에 최근에 태어난 혜영의 손자가 보인다. 수진은 옆에서 가끔 두 사람의 대화에 미소로 반응하면서 노트에 1교시에 배운 내용을 메모한다. 그때, 대호가 손수건으로 손을 닦으며 돌아왔다. 선생님도 함께다.

전원이 자리에 앉아 선생님을 본다.

선생님　　한숨 돌리셨죠? 2교시에는 워킹 메모리에 대해 집중적으로 알아볼 겁니다. 1교시에서 조금 언급했지만 제대로 짚고 넘어가기 위해 오른쪽의 문제를 풀어 봅시다.

아래의 문제를 메모 없이 풀어 보세요. 2교시에 사용합니다.

질문 1 졸업한 초등학교의 이름을 떠올려 보세요.

질문 2 머릿속으로 그 이름을 뒤에서부터 읽어 보세요.

질문 3 거꾸로 읽은 이름을 머릿속에서 다음과 같이 변형시켜 보세요. 각 글자의 초성을 가나다순의 다음 초성으로 바꿔 읽어 보세요. 예를 들어 보겠습니다. 저는 '경운초등학교'를 나왔습니다. 뒤에서부터 읽어 보면 '교학등초운경'입니다. '교'는 '뇨', '학'은 '각', '등'은 '릉'과 같이 바꾸면, 정답은 '뇨각릉코준녕'이 됩니다.

ㄱ	ㄴ	ㄷ
ㄹ	ㅁ	ㅂ
ㅅ	ㅇ	ㅈ
ㅊ	ㅋ	ㅌ
ㅍ	ㅎ	

워킹 메모리의 힘

전원, 문제를 풀기 위해 골똘히 집중한다.

혜영   선생님, 3번 질문은 저와 남편한테는 무리예요.

선생님   3번을 쉽게 하는 사람이 오히려 드물죠. 1번과 2번은 어떻
          습니까? 1번은 여러분의 장기 기억에서 초등학교 이름을 떠
          올려 지금의 의식에 담게 했습니다. 2번과 3번에서는 그 이
          름을 새로 조합해 바꿨죠. 워킹 메모리의 힘에 의한 겁니다.
          워킹 메모리의 정의는 몇 가지가 있는데, 대략적으로 말하
          면 **정보를 현재의 의식에 잠시 잡아 두었다가 그것들을 정리하**

거나 조합하는 등의 '명령'을 의식 속에서 실행하는 뇌의 기능
을 가리킵니다.[1]

청각에 의한 언어 인식, 시각에 의한 공간 인식, 에피소드의 인식, 명령의 실행 기능 등 몇 가지 요소가 조합해 있고, 뇌의 여러 부위가 관계하죠.[2]

진우 잠깐만요. 머리가 마비될 것 같아요. 죄송해요. 요컨대, 지금 무언가를 의식할 수 있고 그것으로 무언가를 실행할 수 있는 것은 워킹 메모리 덕분이라는 거죠?

선생님 그렇죠. 그리고 바로 지금 진우 씨는 워킹 메모리를 실행해 줬어요. 제가 설명한 워킹 메모리를 시각화해서 그것을 머릿속으로 정리해 말로 한 거죠. 앞의 3번 문제를 해결하신 분 있나요? 수진 학생, 어때요?

수진 어려웠는데 아마 맞을 거예요. '지성초등학교'를 '뇨각릉코엉치'로 바꿨습니다.

혜영 맞았는지 확인하기도 어렵겠네요.

선생님 그럼 수진 학생의 답을 종이에 써서 확인해 보죠……. 역시! 수진 학생, 맞았어요. 대단해요! 지금까지 3번을 한꺼번에 해결한 사람은 거의 없어요. 3번의 어려움은 우리의 워킹 메모리에 관해 매우 중요한 것을 가르쳐 줍니다. 3번은 언뜻 복잡할 것 같지만 조작 자체는 단순하고 간단해요. 실제로 종이에 써보면 쉽게 할 수 있죠. 단, 그걸 머릿속에서만 하려고 하면 어려워집니다. 워킹 메모리가 바로 마비되어 버리거든요. 3번 같은 문제를 어렵게 느끼는 이유는 인간의 워킹 메모리 용량이 작기 때문입니다.

우리가 의식 아래에 동시에 잡아 둘 수 있는 정보의 개수가 7개[3]라고 알려졌는데, 최근 연구 결과를 보면 3~5개[4] 정도가 한계라고 합니다. 개인이나 나이에 따라 다소 차이는 있지만 워킹 메모리는 누구에게나 매우 제한된 뇌의 기능인 거죠.

대호   조금 안심되네요. 저를 제외하고 모두 쉽게 풀지 않았을까 걱정했어요. 3번은 제가 어렸다고 해도 어려웠을 것 같아요.

워킹 메모리는 잠으로 다스려라

진우   큰 차이를 내지는 못해도 가능한 한 잘하고 싶어요. 트레이닝 같은 것은 없나요? 제가 운동 쪽에 강하거든요.

혜영   진우 씨, 두뇌 트레이닝은 신체 단련과는 달라요. 하지만 두뇌 트레이닝으로 뇌를 단련할 수 있다면 저도 하고 싶네요.

선생님   좋은 질문입니다. 요즘 세상에 워킹 메모리 단련법 같은 정보는 얼마든지 있죠. 그러나 과학적으로 충분한 근거가 있는 워킹 메모리 단련법은 단 하나. 바로 잠을 자고 기다리는 겁니다.

진우　자고 기다린다고요?

수진　선생님, 농담 같아요.

선생님　미안해요. 농담 반, 진담 반입니다. 워킹 메모리의 용량은 유·소아기부터 10대 후반까지 성장과 함께 조금씩 증가합니다. 4세부터 15세까지 평균 66퍼센트 정도 증가한다는 연구도 있어요.[5] 수진 학생의 경우 지금도 워킹 메모리의 용량이 늘고 있다는 게 되죠. 그러나 나이가 들수록 워킹 메모리의 기능이 떨어지기 때문에 저 같은 아저씨는 잠을 자도 늘지 않습니다.

혜영　선생님, 농담도! 진짜 단련법을 가르쳐 주세요!

선생님　실례했습니다. 그런데 '잠을 자고 기다리는' 방법 외에 과학적 근거가 있는 방법은 아직 찾지 못한 것 같습니다. 지금까지 다양한 방법이 연구되어 그 효과가 검증되었는데, 그 가운데 일시적으로 효과가 확인된 것이 있습니다. 하지만 트레이닝에 사용한 특정 작업의 효율이 오를 뿐, 어느 방법도 그 외의 작업에 일반화될 수 없었습니다.[6]

진우　죄송해요. 조금 어려운데 다시 설명해 주세요.

선생님   미안합니다. 예를 들어 보겠습니다. 두뇌 트레이닝 게임을 생각해 봅시다. 연습하다 보면 잘 풀게 되어 두뇌 나이가 어려집니다. 처음에 두뇌 나이가 50세였어도 연습해서 게임을 잘 풀면 18세가 되는 식으로요. 그런데 정말 두뇌 나이가 바뀌었을까요? 아니면 그 게임에 능숙해진 것일까요? 연구 결과 그 게임에 능숙해진 것일 뿐, 즉 두뇌의 나이가 달라진 것이 아니라 특정 뇌 트레이닝 게임을 잘하게 된 것뿐이라는 것이 밝혀졌습니다.

대호   하지만 워킹 메모리가 증가하지 않아도 뇌의 노화를 예방하는 효과는 있지 않나요?

선생님   네, 뇌 기능의 노화를 늦추는 방법은 다양한 것들이 연구되고 있고, 효과가 증명된 경우도 있습니다. 이것은 다음 기회에 설명하죠.

수업 중 필기를 주의하라

선생님   워킹 메모리 용량이 작다는 사실은 효과적인 공부법을 생각할 때 매우 중요합니다. 수업이나 발표 중에 하는 필기를 생각해 보죠. 노트에 기록하기 위해서는 이야기에 집중해야 하므로 자연스럽게 학습 효과가 오를거라 생각하는 매우 친숙한 공부법이죠. 사실, 수업을 들으면서 하는 노트 필기는 워킹 메모리에 큰 부담을 줍니다.[7]

수업을 듣는다. 어느 부분을 필기할지 결정한다. 노트의 적절한 부위에 바른 글씨로 적는다. 그런 와중에도 귀는 이야기를 듣는다. 이때 뇌는 여러 작업을 짧은 시간 내에 동시에 진행해야 합니다. 워킹 메모리의 작은 용량은 마비되기 직전이죠. **이야기를 들으면서 필기를 하면 수업 내용에 집중할 수 있기는커녕 오히려 역효과를 낳을 수 있습니다.**

수진　제가 그렇게 했어요. 지금도 선생님의 이야기를 들으면서 노트에 필기했어요. 집중이 된다고 생각했는데 말이죠.

선생님　괜찮아요. 이야기를 들으면서 하는 필기가 완전히 잘못된 것은 아니에요. 지금까지 필기하는 훈련을 쌓아온 학생이나 숙련된 사회인은 이미 높은 필기 기술이 몸에 배어 있어요. 즉, 뇌가 이야기를 들으면서 하는 필기에 익숙해져 워킹 메모리에 부담이 덜하다고 생각할 수 있죠. 그러니 특별히 문제는 없을 겁니다. 그래도 이야기의 내용이 어렵거나 완전히 새로운 분야를 배울 때는 주의하는 것이 좋겠죠.

혜영　선생님, 무슨 말인지 알겠어요! 저는 세미나나 미팅에 출석할 때마다 허락을 받고 녹음을 해요. 노트 필기에 자신이 없어서요. 그런데 녹음을 할 수 없는 때도 있잖아요. 가령 학교 수업은 아마 무리일 거예요.

학교 수업은 녹음할 수 없거나 아직 노트 필기가 익숙하지 않은 경우는 어떻게 해야 하나요? 우리 집도 손자가 태어나서 관심이 가요.

선생님 우선, 교사가 워킹 메모리의 한계에 주의해서 수업을 진행해야 합니다. 보충 프린트를 나눠 주어 노트 필기의 부담을 줄이거나, 이야기를 듣는 데 집중하는 시간과 필기하는 시간을 번갈아 두는 등 나이나 진도에 맞춘 지도법을 생각할 필요가 있습니다.

참고로 **어느 정도 이야기를 들은 후에 필기하는 '완급 조절식'은 뇌과학적으로 매우 효과가 높다**는 것이 확인되었습니다. 여기에 대해서는 3교시에 자세히 알아보죠. 물론 가르치는 측이 그런 점을 배려하지 않고 수업을 진행하는 예도 있을 겁니다. 워킹 메모리가 마비되는 것을 막으면서 학습 효과를 높이는 필기법에 대해서도 역시 3교시 때 알아보기로 하겠습니다.

멀티태스킹을 피하라

대호   들으면서 필기하는 것이 워킹 메모리에 부담을 준다면, 그 외의 어떤 작업을 하면서 다른 작업을 하는 경우도 마찬가지인가요? 직장 생활을 할 때 고참 사무 담당자가 있었는데 전화로 대응하면서 이야기와 관계없는 서류를 척척 처리하고, 아무튼 업무 처리 속도가 굉장히 빨랐어요.

선생님   맞습니다. 여러 작업을 동시에 처리하는 경우를 뜻하는 '멀티태스킹(다중 작업)'은 일반적으로 워킹 메모리에 부담이 크다고 합니다. 참고로, 우리가 멀티태스킹을 하고 있다고 느끼는 경우에도 꼭 다른 작업을 뇌가 동시에 실행한다고는 할 수 없습니다. 사실은 하나의 작업에서 다른 작업으로 빠른 전환이 이루어지는 경우가 많죠. 그럴 때 원래 작업으로 돌아가 이전에 어디까지 했는지, 어떤 상황이었는지 기억해 두지 않으면 안 되죠. 이 과정이 워킹 메모리에 부담을 줍니다.

인간의 뇌는 멀티태스킹에 적합하지 않아요. 효율적으로 멀티태스킹을 할 수 있는 사람들은 워킹 메모리의 부담을 낮추는 데 성공한 사람들이라고 할 수 있습니다. 반대로, 하려는 일이 익숙하지 않은 상황에서 멀티태스킹을 하려고 하

면 작업 효율이 떨어지겠죠.[8]

진우   그럼 스마트폰은 괜찮나요? 무언가를 하면서 스마트폰을 만지작거리는 것은 나이 든 사람이나 젊은 사람이나 똑같은 것 같아요. 그래도 스마트폰 조작은 익숙하니까 스마트폰으로 멀티태스킹해도 워킹 메모리에 부담은 주지 않을 것 같아요.

선생님   그렇게 생각할 수 있겠네요. 스마트폰을 만지는 동작 자체에는 익숙해도 인터넷이나 메일 등으로 새로운 정보가 눈에 들어오면 좋든 싫든 그것에 신경을 빼앗기죠. 실제로 수업 중에 인터넷을 보거나 문자 메시지를 주고받으면 학습 효과가 떨어지고 성적도 떨어집니다.[9, 10] 스마트폰이 옆에 있으면 자신도 모르게 보게 되죠. 미국에서 학생을 대상으로 진행한 연구에서는 공부나 작업을 할 때 스마트폰을 자유롭게 사용하게 한 결과, 평균적으로 6분마다 한 번씩 스마트폰을 본다는 분석이 나왔습니다.[11]

수진   저는 등교하면 선생님께 스마트폰을 맡겨야 해요.

혜영   어머, 나라면 숨 막힐 것 같아. 쉬는 시간에 귀여운 손자의 동영상을 보면 기운도 나고, 안 보면 배울 의욕이 사라질 것 같은데…….

선생님   그렇죠. 스마트폰을 쓸 수 없으면 오히려 '스마트폰 금단 증상'이 나타날 수 있어요. 스포츠 경기의 결과가 궁금하고, 친구의 답장은 아직인가 신경 쓰이죠. 그래서 혜영 님처럼 무리해서 금지하면 역효과가 일어난다고 생각하는 사람도 있습니다. 또, 인터넷으로 무언가를 검색하면서 일이나 학습에 스마트폰을 유용하게 쓰는 사람도 있죠.

이를 고려해서 스마트폰을 자유롭게 쓸 수 있는 시간, 즉 '테크놀로지 브레이크techonology break'를 정기적으로 마련하고 그 이외의 시간은 학습에 집중하는 방법을 권하는 학자도 있습니다.[12]

단, SNS나 메일, 문자 주고받기는 내용에 따라서 스트레스를 받는 경우도 있으니, 테크놀로지 브레이크 활용 시 주의해야 합니다.

진우 선생님, 감사합니다. 금단 증상이 나타날 뻔한 위험한 상황이었어요. 테크놀로지 브레이크를 활용하면서 열심히 하겠습니다.

워킹 메모리에 부담을 주는 요인

선생님 멀티태스킹이 워킹 메모리에 많은 부담을 준다는 것은 이해하셨을 겁니다. 그 밖에도 워킹 메모리에 부담을 주기 쉬운 학습 환경이 있습니다. 어떤 환경일까요?

대호   조금 전 선생님이 말씀하신 걸로 보아, 새로운 것을 배울 때가 아닐까요? 맥락이 없는 것은 어떤가요? 관련성이 있는 경우에는 의식하기 쉽지만, 없는 경우는 어렵습니다.

선생님   네, 맞습니다. 자신에게 새로운 것은 어쩔 수 없이 어렵죠. 자신이 잘하는 분야보다 새로 배우는 분야가 워킹 메모리에 부담을 주는 것은 이해하기 쉬울 겁니다.

관계성의 유무 또한 중요합니다. 똑같은 8자리 숫자도 짝수를 차례로 늘어놓은 '24682468'과 무작위인 '32795626'은 의식하는 데 차이가 있죠. '새로움'과 '관련성' 모두 워킹 메모리의 부담에 깊이 연관되어 있습니다.

수진   각각의 내용은 이해할 수 있는데 그것들을 조합하면 그 순간 어렵게 느껴지는 경우가 있어요.

선생님   수진 학생 말대로 '2×3'의 암산은 쉽게 할 수 있어도 '222×333'의 암산은 어렵죠. 이외에도 A를 한 다음 B를 하고 그 뒤엔 C를 하는 식 등 차례나 단계를 밟는 일의 이해는 워킹 메모리에 큰 부담을 줍니다. 과학 실험이나 수학의 증명이 그 대표적인 예죠. '조합'과 '차례'는 워킹 메모리에 부담을 줍니다. 그럼, 워킹 메모리의 부담 요인, 그 외에 또 뭐가 있을까요?

혜영　이 나이가 되면 뭐든 뇌에 부담이 돼요!

선생님　물론 뭐든 뇌를 사용하는 한 부담이 되죠. 그중에서도 부담
이 비교적 큰 것으로는 '선택'이 있습니다. 선택지가 여러
개 있고 이도 저도 아니라서 고민하는 것보다 선택지가 하
나나 둘이라 바로 결정할 수 있는 경우가 부담은 적습니다.
애플의 창업자 스티브 잡스가 매일 아침 선택에 망설이지
않도록 항상 검은색 티셔츠에 청바지만 입었던 것은 유명
한 이야기죠.

　　　정리해 보면 **워킹 메모리에 부담을 주는 대표적인 요인으로는
새로움, 무작위, 조합, 차례, 선택 총 5가지가 있습니다.** 부담을
주는 요인에 주의해 공부 방식을 세우는 것이 중요하죠. 너
무 어렵거나 나의 능력을 넘어서는 문제라고 느껴지는 경우
가 있어도, 그것은 자신의 능력이나 재능의 문제가 아닐 수
있습니다. 원래 용량이 작은 인간의 워킹 메모리에 많은 부
담을 주는 것일 뿐일 수 있죠. 부담을 주는 요인을 하나하나
제거하는 것만으로 더 쉽게 이해할 수 있을지도 모릅니다.

진우　재능과 지능의 한계라기보다 인류 모두에게 적용되는 워킹
메모리의 용량이 원인일 수 있다고 생각하니까 조금은 마
음이 편해요.

수진   저도 동의해요. 어려운 분야의 공부를 할 때 머리가 마비되
      는 것처럼 느껴지는 경우가 종종 있어요. 워킹 메모리의 용
      량과 관련이 있다고 하시니까 안심돼요.

혜영   어머, 수진 학생 같은 우수한 학생도 그런 고민이 있네. 역
      시 사람은 다 같다니까.

선생님 여러분 감사합니다. **사실은 이런 워킹 메모리의 한계를 알아
      두는 것만으로도 학습 효과가 오른다는 것이 밝혀졌어요.** 자신
      의 고민이 다른 사람들과 같은 표준적인 것을 '고민의 표준
      화'라고 합니다.

      인간의 워킹 메모리에는 한계가 있어서 기능이 마비되기
      쉽다고 생각하면 '왜 나는 수업 중에 열심히 필기하는데 머
      리에 들어오지 않을까' 하는 고민이 사라집니다. 자연스럽
      게 불필요한 스트레스를 줄일 수 있죠. 이것이 학습 효과 향
      상으로 이어지는 겁니다. 폭넓은 세대에서 '고민의 표준화'
      효과가 확인되었어요.[13] 즉, 지금 여러분이 워킹 메모리의
      한계에 대해 이해한 것만으로도 여러분의 학습 효과 향상
      을 기대할 수 있습니다.

워킹 메모리 과부하 방지법

선생님　'고민의 표준화' 효과만이 아닙니다. 워킹 메모리에 부담을 주는 요소를 알아 두면 그것들을 회피하며 공부할 수 있기 때문에 학습 효과를 높일 수 있죠. 학습 중에 부담 요소를 인지하면 워킹 메모리에 주는 부담을 분산시키세요. 워킹 메모리가 과부하를 방지하는 것이죠.

수진　시간을 들여서 한다는 말인가요?

선생님　그래요. 수업이나 자습 시간의 부담 요인을 제거하기 어려운 경우는 짧은 시간에 단번에 내용을 이해하려 하지 말고 조금씩 시간을 들여 이해해 나가는 것에 의식을 집중해 보세요. 그 경우 아래 방법을 사용하는 것이 좋습니다.

워킹 메모리 과부하 방지법

1단계: 전체 훑기	전체적인 목차(이미지)를 파악한다.
2단계: 부분 이해	전체를 구성하는 각 '부분'을 차례로 철저히 집중해서 이해한다. 다른 부분과의 관계는 무시해도 좋다.
3단계: 관계성 확인	1단계와 2단계를 반복한다. 부분을 공부했으면 전체와의 관계를 복습한다.
4단계: 예외는 뒤로	예외적인 것은 뒤로 미룬다. 기본이 되는 내용을 한차례 이해한 후에 예외를 공부한다.

진우   알 것 같은데, 지금 워킹 메모리 용량이 터질 것 같아요!

선생님   이렇게 항목화하면 어려운 것처럼 보일 수도 있어요. 보충 설명을 하죠. 먼저 **전체 훑기**로 개요를 파악한 다음 **부분 이해**로 각 부분을 꼼꼼하게 배웁니다. 부분을 배우면서 전체와의 관계와 위치를 확인하기 위해 **관계성 확인**을 사용합니다. 이 과정으로 전체의 이미지와 부분의 이해가 깊어지죠.

혜영   **예외는 뒤로**도 도움이 될 것 같아요.

선생님   예를 들어 문법의 불규칙 변화나 특별한 계산법 등 예외가 있는 경우에는, 예외가 있다고 일단 인지했으면 바로 다음으로 넘어가세요. 예외에 정신을 빼앗기면 안 됩니다. 일단 가장 기본이 되는 뼈대를 이해하는 데 집중하지 않으면 이해할 수 있는 것도 할 수 없게 됩니다.

시험에 예외 부분이 자주 출제되어서 그 부분을 주의하는 경우가 많습니다. 하지만 예외에 우선순위를 두면 쉽게 주의가 산만해집니다. 워킹 메모리가 마비되어 기본 규칙을 익힐 수 없게 될 수 있어요.

대호   매사 기초를 다진 후에 나가야 하죠. 그 외에 주의해야 할 점이 있나요?

선생님   네. 뇌의 다양한 기능을 활용하는 것으로 워킹 메모리에 대한 부담을 줄일 수 있습니다. 앞서 말했듯이 워킹 메모리에는 시각, 청각, 언어 그리고 공간 이해 등 다양한 요소가 있습니다. 이야기를 '듣는' 것만으로 전부 이해하려 하지 말고, 그림이나 영상을 활용한 시각 자료도 사용해 보세요. 워킹 메모리에 대한 부담을 분산할 수 있어 학습 효과가 향상됩니다.[14]

배우는 내용이 어렵다고 느끼면 그림이나 동영상으로 설명하는 교재를 인터넷 등에서 찾아 시각과 청각도 활용하며 공부하기를 추천합니다. 또, 직접 이미지를 노트에 그리는 형태로 시각화하는 방법도 효과적입니다.

사진과 그림이 학습을 방해한다

선생님　단, 그림으로 된 설명이나 동영상에 너무 의존하면 안 됩니다. 이것들은 어디까지나 보조적 자료예요. 균형을 생각해 활용하는 것이 좋습니다. 그림과 도표가 충실하고 동영상이 지원되니까 이해하기 쉽게 구성된 교재라 생각하지만, 안타깝게도 그렇지 않습니다.

가령 다음과 같은 연구가 있습니다.[15] 대학생에게 무당벌레의 변태에 대해서 가르칩니다. 알에서 유충, 번데기가 되어 성충이 되는 과정입니다. 한쪽 그룹에는 상세하고 다채로운 색깔의 그림과 사진을 사용해서 가르치고 다른 한쪽 그룹은 흑백 모식도를 사용해서 가르칩니다. 학습 후, 학생들은 시험을 봅니다. 그 결과는 어땠을까요?

혜영   컬러로 된 자세한 사진으로 배운 쪽이 당연히 이해하기 쉽지 않을까요?

선생님   사실은 양쪽 그룹의 학습 효과에 차이는 없었습니다. 두 그룹 모두 정확히 무당벌레의 변태에 대한 개념을 이해했어요. 그런데, 다른 곤충의 변태에 대한 응용 문제에서는 모식도로 배운 학생들의 성적이 선명한 색깔의 사진과 그림을 사용해 배운 학생들보다 좋았습니다.

대호   매우 흥미로운데요.

선생님   네, 정말 흥미롭죠. 이 실험 결과의 해석은 이렇습니다. 그림과 사진의 색깔이나 디자인 같은 지엽적인 것에 워킹 메모리가 할애되어 중요한 '변태'의 개념을 이해하는 것에 집중하기 어려워졌다. 그로 인해 시험에서 무당벌레 이외의 곤충 변태까지 응용할 수 없었다.

이처럼 흥미는 끌지만, 목적의 개념을 배우는 데 필요 없는 디테일, '매혹적인 군더더기seductive detail'에 대하여 많은 연구가 이루어졌습니다. 그림이나 사진의 색깔과 디자인뿐만 아니라 일러스트와 동영상에 나오는 효과음과 배경 음악도 군더더기가 됩니다.

이러한 매혹적인 군더더기는 각각의 주제(앞서 말한 실험에서는 무당벌레의 변태)의 배움만이 아니라, 배운 개념(이 경우 변태)의 응용에까지 나쁜 영향을 미친다는 것(매혹적인 군더더기 효과)이 많은 논문으로 확인되었습니다.[16]

매혹적인 군더더기 효과는 앞으로 더욱 연구가 필요한 주제인데, 현시점에서 우리에게 학습 습관의 중요함을 일깨우고 있습니다. 교육 현장에서 사실적인 그림이나 사진, 동영상을 새로운 주제를 이해하기 위한 보조 도구로 자주 활용하죠? 그러나 이런 당연한 학습 습관이 워킹 메모리에 부담을 줍니다. 사실적인 비주얼을 도입한 정도로는 학습의 질이 오르지는 않습니다.

대호   아, 이해됩니다. 공부도 단순한 그림을 보고 이리저리 시행착오를 거치며 적극적으로 하는 것이 좋은 학습 결과로 이어질 것 같아요.

선생님 네, 말씀하신 그대로입니다. 부모님이 자녀의 교재를 선택할 때 이 부분을 염두에 두는 것이 좋겠죠. 사진이나 그림 등 시각적 자료가 많은 책을 사주고 싶은 것이 자연스러운 부모 마음이지만 그런 책이 꼭 학습 효과를 높이는 것은 아

니니까요. 아이의 흥미나 이해도에 맞춰 신중하게 선택해야
합니다.

쉬는 시간을 활용한 최고의 휴식법

선생님   워킹 메모리의 문제도 포함해서 효과적인 학습에는 휴식이
필요합니다. 정기적인 휴식이 꼭 필요한 것은 공부뿐만 아
니라 일과 운동에서도 자주 확인되었습니다.[17] 법정에서 휴
식 전후로 재판의 판결에 영향이 나타난다는 연구 결과도
유명합니다.[18] 또 최근 뇌과학에서는 휴식 없이 공부나 작업
을 진행할 때의 워킹 메모리 기능 저하에 관한 연구도 이루
어지고 있습니다.[19]

수진   휴식은 어느 정도로 하는 것이 좋은가요?

선생님   개인차는 있지만, 초등학생 정도의 어린이는 25분 공부하
고 5분 휴식하는 리듬을 권합니다. 요리용인 토마토 모양의
타이머를 이용해 25분 집중 후 5분 휴식하는 방법을 제안
한 데서 '포모도로[20] 기법pomodoro technique'(포모도로는 이탈리아
어로 토마토를 뜻한다 - 옮긴이)이라 불리는 공부법으로, 지금
도 권장하고 있습니다.[21] 이 사이클은 학생이나 성인에게도

효과적인데, 개인의 학습 습관과 능력에 맞춰 더 긴 사이클로 해도 됩니다.

진우　저는 자주 쉬는 것이 좋을 것 같아요.

선생님　네, 자신에게 적합한 시간으로 공부하세요. 단, 너무 길게 공부하는 것은 금물입니다. 아무리 길어도 1시간에서 1시간 30분 정도를 기준으로 합시다.

미국의 한 IT 회사에서 실적이 높은 직원들의 업무 유형을 분석해 봤더니 52분 일하고 17분 휴식한다는 결과가 나왔습니다.[22] 매사추세츠 공과대학 팀의 연구에서도 1시간 30분 정도까지를 기준으로 하고, 그 사이에 15분 정도 휴식하는 것이 좋다는 내용도 있습니다.[23]

지금까지의 연구 결과를 정리하면, **공부는 30분에서 90분 정도의 사이클로 합니다. 30분 정도의 짧은 사이클인 경우 휴식은 5분, 1시간 이상의 긴 사이클이라면 휴식은 15분 정도로 하는 것이 좋습니다.** 또, 3~4시간마다 길게 휴식을 취하도록 하세요. 점심시간이나 오후에 30분에서 1시간 정도 휴식을 취하는 것이 좋습니다.

혜영　그렇군요. 휴식 중에는 무엇을 하는 게 좋을까요?

선생님　네, 좋은 질문입니다. 휴식 중 하면 좋은 활동 5가지를 오른쪽에 정리했습니다.

최고의 휴식법

① 움직이기	운동은 뇌에 최고의 영양제. 하루 30분 정도 가볍게 땀을 흘리는 등, 정기적으로 일주일에 2~3회 운동하는 것으로 뇌가 활성화된다.[24] 짧은 휴식 시간에 5분 정도 회사 주위를 걷는 것도 효과가 있다.[25]
② 잡담	동료나 친구처럼 아는 사람과 잡담을 나누면서 긴장을 풀고 기분 전환을 한다.[26] 공부와 일에 집중했던 의식을 효과적으로 풀 수 있다.
③ 자연 보기	자연을 보면 집중력이 회복된다는 것이 최신 뇌과학으로 판명되었다. 실내의 식물이나 창밖을 바라보는 것만으로도 효과적이다.[27]
④ 엔터테인먼트 감상	TV나 스마트폰으로 동영상을 보며 긴장을 푼다.[28] 인간의 뇌는 환경 변화를 알아차릴 수 있도록 진화해서 새로운 것을 보면 졸음이 사라진다.[29] 액션 동영상이나 화려한 색깔의 영상처럼 시선을 끄는 것이 효과적이다.
⑤ 마음 챙김	명상, 호흡법 등 마음 챙김mindfulness이 효과적이다. 짧은 휴식 시간이라도 효과가 있다.[30] 일상에서 활용할 수 있는 마음 챙김부터 시작하는 것이 좋다.[31]

선생님　이 가운데 자신에게 맞을 만한 방법이 있으면 쉬는 시간에 시도해 보세요. 1교시 후 쉬는 시간에 여러분이 잡담하면서 동영상을 봤는데, 이미 과학적으로 증명된 최고의 휴식법 중 하나입니다.

진우 혜영 님의 손자가 귀여웠어요. 그런데 선생님, 낮잠이나 간식은 어때요?

선생님 네, 낮잠과 간식 효과에 관한 연구가 있어요.[32] 단, 낮잠도 너무 많이 자면 밤에 잠이 오지 않고,[33] 간식도 칼로리나 영양에 주의해야 합니다.[34] 습관이나 몸 상태를 감안해서 자신에게 맞는 휴식법을 찾아보세요.

최적의 학습 환경을 찾아라

혜영 선생님, 본론에서 벗어나는 이야기일 수 있는데, 공부하기에는 어떤 환경이 가장 좋은가요? 나중에 우리 손자가 크면 공부에 집중할 수 있도록 최적의 공부 환경을 만들어 주고 싶어요. 남편은 공사 현장 옆이라도 좋지만.

선생님 공사 현장 옆은 너무 시끄럽죠. 그 정도로 심한 소음까지는 아니어도 생활 공간에서는 다양한 소리가 나죠. 소리와 학습 효과의 관계에 대한 연구 가운데 주목하고 싶은 것은 **소리에 의해 학습 효과가 저하하는 경우, 음량에 의한 영향은 비교적 적다**는 겁니다.[35]

주위 잡음이 신경 쓰여 집중할 수 없거나, 귀마개를 해도 거의 효과가 없어 짜증 났던 경험 없으십니까? 귀마개는 소리를 완전히 차단할 수 없고, 잡음의 음량을 줄이는 데 불과하기 때문입니다. 반면에 작은 소리여도 갑자기 커지거나 작아지는 등, 무작위로 변화하는 소리는 학습 효과를 떨어뜨립니다. 가령 냉장고나 선풍기 소리가 일정한 음량으로 들리는 것은 신경 쓰이지 않아도, 옆방에서 들리는 누군가의 통화 소리는 음량이 작아도 짜증이 나죠.

그렇듯이 **음량보다 소리의 변화가 학습 효과의 저하에 관계**합니다. 이 경우의 대책은 백색 소음을 활용해 잡음을 다른 소리와 섞어 지워 버리는 겁니다. 갓난아기가 숙면하도록 백색 소음을 내서 주위의 소리를 지우는 방법을 학습과 성인의 수면에 적용해도 좋겠죠. 또, 넓은 방에서 공부하는 것도 효과적입니다. 넓은 방은 소리가 울리기 쉬워서 여러 가지 잡음이 돌발음을 지워 줍니다. 백색 소음의 효과를 얻는 거죠. 그리고 어린아이일수록 소리의 영향을 받기 쉽다는 것도 확인되었으니 주의하는 것이 좋겠습니다.

대호   그렇군요, 도움이 되겠어요! 그럼 방의 온도는요?

선생님   소리와 마찬가지로 온도에 대해서도 학습 효과와 관련해 연구가 이루어졌습니다. 너무 춥거나 너무 더워도 효율이 떨어지는 것은 당연한데, 그중에서도 추위보다 더위가 특히 효율이 떨어집니다. 또, 단순한 작업보다 복잡한 작업을 할 때 온도의 영향을 받기 쉽습니다.

덥지도 춥지도 않은 적당한 온도라면 **학습자의 취향에 맞추는 것이 학습 효과가 올라간다는 연구 결과도 있습니다.**[36] 서늘한 걸 좋아하는 사람은 조금 낮은 온도로, 더운 것이 좋은 사람은 살짝 높은 온도로 학습 환경을 최적화하는 것이 좋겠죠. 가정에서 에어컨의 온도 설정 때문에 다투게 될 때는 수험생이나 공부의 효율을 가장 올리고 싶은 사람에게 리모컨을 건네주는 것이 좋습니다.

수진   저는 추운 게 싫은데, 여동생이 여름에 에어컨 설정 온도를 제일 낮은 온도까지 낮춰요. 고등학교 입시를 앞두고 있으니 참기로 했어요.

선생님   동생을 아끼는 언니네요. 그리고 방에 있는 장식도 학습 효과에 영향을 미칩니다. 요란스럽게 장식된 교실과 간소한 장식의 교실, 두 곳에서 학생들의 학습 중 시선의 움직임을 추적, 비교한 연구가 있습니다. 요란스럽게 장식된 교실에서는 평균적으로 수업 시간의 21퍼센트 동안 학생들의 시선이 교실의 장식에 향해 있었습니다. 반면에 간소한 장식의 교실에서는 3퍼센트에 불과했어요.

학습 내용에 관한 테스트에서도 요란스럽게 장식된 교실의 학생들은 간소하게 장식된 교실의 학생들에 비해 20~30퍼센트나 떨어졌죠.[37] 요란스러운 장식이 많은 교실에서는 공부에 집중하기 힘들어 워킹 메모리의 부담이 될 수 있는 겁니다. 이런 결과가 나왔다고 해서 공부방의 장식을 무조건 최소화하라는 것은 아닙니다. 장식에 따라 긴장을 풀어 주기도 하고 동기 부여가 되기도 합니다. 자신과 자녀가 공부하는 환경을 다시 한번 확인해서 왜 그 장식인지, 그것이 학습 효과 향상으로 이어질지 생각해서 방을 꾸며 보세요.

뇌의 또 다른 기능을 주목하라

선생님   자, 2교시는 워킹 메모리를 중심으로 관련된 공부법과 습관에 대해서 알아보았습니다. 물론 우리 뇌의 기능은 워킹 메모리만 있는 것은 아닙니다. 나이가 들수록 워킹 메모리의 기능이 떨어진다, 활성화를 위한 트레이닝도 존재하지 않는다, 노화로 지적인 능력도 자꾸 저하되고 어쩔 수 없다. 이런 일은 없습니다. 앞서 말했듯이 뇌의 다른 기능을 구사해 계속해서 배우면 뇌는 더욱 진화합니다.[38]
다음 3교시의 주제는 장기 기억입니다. 장기 기억으로 지식과 기술을 익혀 두면 언제든 기억의 보존 창고에서 그것들을 꺼내 다시 쓸 수 있습니다. 워킹 메모리의 의식 아래에 붙잡아 둘 필요가 없어요.

실제로, 이미 장기 기억화한 지식과 연관된 형태로 배우려고 하면 워킹 메모리를 효과적으로 사용할 수도 있습니다. **젊을 때는 워킹 메모리로 승부, 워킹 메모리가 약해져도 경험이 풍부하면 축적된 장기 기억의 지식으로 승부할 수 있죠.**

거꾸로, 젊을 때 워킹 메모리에 지나치게 의존하면 장래 워킹 메모리가 감퇴했을 때 보충할 수 없어요. 나이 들수록 감퇴하는 워킹 메모리를 확인해서 지식을 습득하지 않으면 안 되는 겁니다.

진우   저도 노력해야겠어요.

선생님   여러분, 각자 노력하십시오. 그럼 잠시 쉬겠습니다. 앞서 말한 5가지 휴식법 중 하나를 선택해 휴식을 취해 보세요.

2교시 핵심 정리

① 워킹 메모리란 매사를 의식에 잡아 두어 정리나 재편성 등의 조작을 하는 뇌의 기능이다.

② 워킹 메모리의 용량은 작고, 트레이닝으로 확대할 수 없다.

③ 익숙하지 않은 노트 필기를 할 때, 새로운 것을 배울 때는 특히 주의한다.

④ 멀티태스킹은 워킹 메모리에 부담을 준다.

⑤ 필요할 때 테크놀로지 브레이크를 활용한다. 단, SNS 스트레스에 주의한다.

⑥ 워킹 메모리 부담 요소로는 **새로움, 무작위, 조합, 차례, 선택**이 있다.

⑦ 워킹 메모리 활용법인 **전체 훑기, 부분 이해, 관계성 확인, 예외는 뒤로**를 잊지 말자.

⑧ '매혹적인 군더더기'를 유념한다.

⑨ 30~90분마다 5~15분, 3~4시간마다 30~60분 휴식을 추천한다.

⑩ 쉬는 시간에 추천하는 휴식법으로 **움직이기, 잡담, 자연 보기, 엔터테인먼트 감상, 마음 챙김**이 있다.

⑪ 공부 환경은 무음이 어려우므로 일정한 소리를 유지할 수 있도록 한다. 또, 자신에게 쾌적한 온도로 만든다. 방에 과도한 장식은 삼간다.

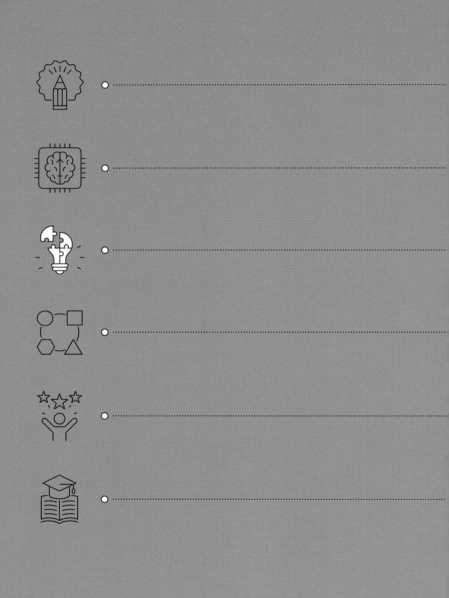

최강의 기억 학습법

수업은 개성적인 학생들과 함께 즐겁게 진행되고 있다. 각자 자신만의 특색을 가진 학생들은 대체 어떤 연유로 이 수업에 참여하게 되었을까? 이번 수업에 참여하는 학생들을 대상으로 인터뷰를 했다. 첫번째 인터뷰 기록은 다음과 같다.

지망자 이름: 이혜영

Q. 왜 이 수업에 참여하고 싶다고 생각했나요?

세미나를 좋아해 여러 가지를 배우고 있어요. 더 재미있게 효과적으로 배우기 위해 이번 수업에 참여하고 싶다고 생각했습니다. 그리고 태어난 지 얼마 안 된 손자도 있어서 장래에 그 아이에게 도움이 될 공부법을 가르쳐 주고 싶어요. 이 동기는 진심이지만 어디까지나 표면적인 거예요. 진짜 신청 동기는 남편을 참여시키고 싶어서입니다. 혼자는 창피하다고 해서 억지로 같이 신청했어요. 오랫동안 열심히 일하고 퇴직했으니까 느긋하게 지내면 되는데, 매일 TV만 보고 있는 게 싫다면서 게으름을 부리느니 사회에 공헌할 수 있는 일을 직접 시작해야겠다고 갑자기 이야기를 꺼내는 거예요. 하지만 우리가 벌써 60대 중반이에요. 시대가 시대이지만 그래도 30대나 40대처럼 일할 수는 없다고 생각해요. 옆에서 봐도 기억력이 떨어지고 이해력이 예

전만 못하거든요. 이 수업을 듣고 효율 좋은 공부법을 배워서 새로운 도전을 성공시켰으면 좋겠어요. 그리고 저도 남편과 함께 할 수 있게 제대로 배우고 싶습니다(이런 말, 남편 앞에서는 못하니까 비밀로 해주세요).

Q. 이 수업에서 특히 배우고 싶은 것이 있나요?

남편은 고향의 매력을 세계에 알리는 사업을 준비하고 있어요. 외국어와 관광 관련 전문 용어가 많이 나와서 힘든가 봐요. 남편은 직장에 다닐 때 영어를 사용하는 일을 했기 때문에 어느 정도 토대가 있지만 저는 전혀 없어요. 공부해도 금방 잊어버리는 걸 보니 나이란 게 무섭네요. 외운 것을 기억에 정착시키는 좋은 방법이 있으면 가르쳐 주세요.

Q. 그 외에 하고 싶은 말이 이야기가 있나요?

젊은 분들도 참가할 텐데, 그분들의 에너지를 받으며 열심히 하겠습니다! 선생님을 만나는 것도 기대됩니다.

□ 리트리벌, 브레인 덤프, 스페이싱을 설명할 수 있다.

□ 효율적인 복습법을 설명할 수 있다.

□ 어떤 공부 방법을 조심해야 하는지 말할 수 있다.

□ 배운 내용을 잊지 않게 노트 필기하는 법을 습득한다.

□ 기억에 남는 독서법을 설명할 수 있다.

학습과학이
주목하는 공부법

선생님   여러분, 3교시를 시작하겠습니다. 2교시는 워킹 메모리와 그 활용법에 대해서 생각했습니다. 3교시는 장기 기억에 초점을 맞춰 보죠. 배운 것을 기억에 장기간 안정시키는 공부법에 대한 이야기입니다. '리트리벌 프랙티스retrieval practice'를 구체적으로 소개하겠습니다.

진우   으으…….

혜영   진우 씨, 괜찮아요? 왜 그래요, 이상한 소리를 내고.

진우   갑자기 영어 알레르기가. 지금까지는 버틸 수 있었는데, 영어가 계속 나와서 기가 죽어요.

혜영	무슨 소리예요, 승진 시험이 있잖아요. 한심한 소리 말아요! 그리고 당신도 열심히 해요. 건망증 심한 아저씨니까.
대호	네네, 알겠습니다. 다른 사람한테만 엄격하다니까. 그런데 확실히 새로운 용어는 옛날보다 기억하기 어려워요. 선생님 부탁합니다.
선생님	물론이죠. '리트리벌 프랙티스'라고 하면 어렵게 들리는데, 한마디로 배운 것을 끄집어내어 사용하는 '인출 연습'입니다. 없어진 것을 되찾는 거예요. 그럼 직접 해봅시다. 2교시 때 우리는 매혹적인 군더더기를 배웠습니다. 이에 관해 노트를 보지 않고 자신의 기억을 떠올려 생각난 분은 손을 들어 주세요.

(잠시 침묵이 흐르고 수진이 손을 든다)

선생님	네, 수진 학생!
수진	'흥미는 끌지만, 목적 개념을 배움에 있어 필요 없는 디테일'입니다. 이것으로 학습 효과가 떨어질 수 있어요. 그래서 사실적인 그림이나 사진을 사용해도 오히려 역효과가 날 수도 있습니다. 맞나요?
선생님	말한 그대로입니다. 그런데 제가 매혹적인 군더더기에 대해

질문하기 전까지 수진 학생은 매혹적인 군더더기에 관해서 전혀 의식하지 않았죠?

수진   네, 선생님의 말씀에 집중했어요.

선생님   매혹적인 군더더기는 2교시 때 이후, 일단 수진 학생의 워킹 메모리를 떠났습니다. 단, 수진 학생의 머리에 어떤 형태로 기억되었죠. 그 기억을 영차하고 끄집어낸다. **노트나 교과서를 보고 답을 찾는 것이 아니라 자신의 머리만 사용해 관련된 기억을 끄집어낸다. 바로 이것이 최강의 공부법 기초이자 핵심인 리트리벌입니다.**

두뇌의 힘으로 기억하는 리트리벌 공부법

진우   고맙습니다! 처음에는 영어가 나와서 기가 죽었는데, 생각해 내는 것이라니까 안심이 돼요. 그건 그렇고, 최강의 공부법이 '생각해 내는 것'이라니 약간 김이 샙니다. 솔직히 말하면 어떻게 공부에 활용할지 감이 오지 않아요.

선생님   진우 씨, 예리한 지적입니다. 좀 더 설명이 필요한 것 같군요. **리트리벌**은 100년이 넘도록 연구가 이루어진, 높은 효과가 확인된 공부법입니다. 1교시 때 **테스트**가 매우 효과적이라는 이야기를 했죠. 이는 자신의 두뇌만 사용해 배운 것을 생각해 내는 **리트리벌**에 의한 겁니다.[1] 마찬가지로 **리트리벌**을 활용한 공부법은 다른 공부법보다 훨씬 효과가 있다는 것이 자주 확인되었습니다.

가령 학습한 내용을 테스트를 사용해 공부하는 방법이 교재를 다시 읽는 경우보다 50퍼센트나 기억 정착률이 상승하고,[2] 강의를 다시 보고 복습한 경우와 비교해도 학기말 성적 평균이 5단계 평가에서 1단계 상승했다는[3] 등의 연구 결과가 다수 있습니다. 그 외의 공부법과의 비교에서도 같은 결과가 확인되었어요.[4] 3교시에서는 의식적으로 **리트리벌**을 활용한 공부법을 구체적으로 알아보겠습니다.

대호   다시 생각해 보니 자신의 머리만 사용해 기억을 환기시키는 **리트리벌**로 복습한 적은 거의 없는 것 같아요. 수업을 듣거나 교재를 읽으면서 필기를 하고, 복습할 때 그것들을 다시 읽는다. 저는 지금까지 그런 식으로 공부했어요. 그런데 그 방법은 배운 것을 교재나 노트에 의존해 생각해 내는 것일 뿐, 자신의 머리만으로 기억하는 **리트리벌**을 게을리하는 게 되는 거죠.

선생님   네, 그렇습니다. 자신의 머리만으로 기억해 냄으로써 기억으로 정착되기 쉽죠. 실제로 **리트리벌**의 학습 효과에 대한 뇌과학적 근거도 등장했습니다.[5] **리트리벌**이 대단한 것은 나이나 능력과 관계없이 폭넓은 층의 학습자에게 효과가 있다는 겁니다. 그리고 효과의 종류 또한 폭넓게 나타납니다. 기억의 정착뿐 아니라 배운 것을 '정리하는 힘'과 다른 문제에 적용해 생각하는 '응용력'에도 매우 도움이 되는 방법이란 것이 입증되었습니다.[6] **리트리벌**의 요소가 들어간 공부법을 적극적으로 사용하는 것이 효과적인 학습의 지름길입니다.

공부했다는 기분이 들 때를 조심하자

수진　조금 전 대호 님도 지적했듯이 저도 노트 필기를 하고 계속 다시 봤어요. 앞으로 조심해야겠어요.

진우　수진 학생뿐만 아니라 모두 그럴 거예요. 어릴 때부터 그렇게 하라고 배웠으니까.

선생님　두 분 모두 좋은 의견 고맙습니다. 제가 조금 보충하죠. 우선 노트에 쓴 것을 다시 보는 것이 꼭 나쁜 것만은 아닙니다. 배운 내용을 잊어버리면 교재나 노트를 사용해 다시 배울 필요가 있죠. 단기 기억 측면에서는 **리트리벌**보다 다시 보거나 읽는 것이 학습 효과가 좋다는 결과도 있습니다.[7] 즉,

시험 직전이라면 노트나 교재를 다시 보는 것이 좋습니다. **리트리벌**을 하기에는 늦은 거죠.

그리고 노트나 교재를 다시 볼 때는 눈으로 들어오는 정보를 쫓기만 하는 것이 아니라 적극적으로 **리트리벌**을 하는 습관을 가진 사람도 있습니다. '일단 뭐였는지 생각해 내자' '이러이러한 거였나?' '다음 부분의 설명을 보고 확인하자' 등과 같이, 다시 보면 **리트리벌**을 하면서 공부할 수 있죠.

혜영   선생님의 말씀을 듣고 **리트리벌**이 중요하다는 것은 알겠는데, 그래도 노트 필기를 전부 다시 보는 것이 왠지 마음 놓일 것 같아요. 시험 직전이 아니어도 전체가 보여서 효과적으로 휙휙 복습할 수 있을 것 같거든요.

선생님 혜영 님, 매우 중요한 지적입니다. 실제로 많은 사람이 **리트리벌**이 좋다는 것은 알아도 다시 읽기 같은 공부법이 왠지 마음이 놓인다고 합니다. 노트나 교과서를 다시 본 이후에 이해도가 높아지고 배운 내용이 기억에 정착된다고 느끼는 경향을 보였습니다.[8] 그러나 **자신이 효과적이라고 생각하는 방법과 실제로 효과가 있는 방법이 꼭 일치하지는 않습니다.** 노트 필기나 교과서를 보지 않고 머릿속 기억을 더듬어 정답을 생각해 내려 하는 과정은 시간도 걸리고 특별하지 않은, 솔직히 힘든 작업입니다.

반면에 다시 읽기, 다시 보기, 교과서 내용을 노트에 필기하기 등의 경우, 눈으로 읽는 것만으로도 만족스럽게 했다는 기분이 들 수 있죠. 하지만 그렇다고 해서 정말 학습 효과가 오르는 것은 아닙니다. 그러니 더욱 적극적으로 **리트리벌**을 활용해야 합니다.

기억한 내용을 퍼붓는 브레인 덤프 공부법

선생님 이번에는 **리트리벌**의 요소를 활용한 공부법에 대해 자세히 알아보죠. 아주 편리하고 다양한 장면에서 사용할 수 있는 것이 '브레인 덤프brain dump'입니다. '브레인brain'은 '뇌', '덤프dump'는 '퍼붓다'죠. **배운 것을 머릿속에서 단번에 생각해 내어 말로 쏟아내는 방법. 그것이 '브레인 덤프' 공부법입니다.**

진우 영어에 약한 만큼 더 집중하겠습니다! 브레인……. 뭐라고 하셨죠?

대호 진우 씨, 덤프트럭이요. 덤프트럭 짐칸에 실은 대량의 토사를 퍼붓는다고 생각하세요.

선생님 대호 님의 설명대로입니다. 덤프트럭의 덤프예요. 수업 후에는 기억하는 것을 전부 내뱉어서 브레인 덤프합시다. 글로 쓰거나 소리를 내서 말하는 것이 좋습니다.[9] 다른 사람에게 설명하는 것은 더 효과적입니다. 다른 사람들과의 협력 공부에 대해서는 5교시에 자세히 알아보죠.

혜영 　　**브레인 덤프**만으로 **리트리벌**의 효과가 있나요?

선생님 　네, 효과가 있습니다. 기억이 정착하고[10] 배운 것을 정리해 통합하는 힘[11] 또 사고력 향상으로도 이어진다는 것이 확인되었어요.[12]

혜영 　　하지만 배운 것을 **브레인 덤프**한다고 해도 전부를 생각해 낼 수는 없어요. 생각해 내지 못한 것은 잊어버리잖아요.

선생님 　예리한 지적입니다. 이것은 중요한 점입니다. **브레인 덤프**를 하면 그때 생각해 내지 못한 것까지 기억에 정착한다는 것이 확인되었어요.[13] 그래서 짧은 시간의 **브레인 덤프**에도 좋은 효과를 기대할 수 있습니다.

　　　　예를 들어, 수업 후에 '배운 것을 3가지 생각해 내기' 같은 행동은 **브레인 덤프**의 시간을 효과적으로 단축시킬 수 있습니다. 단어를 10개 외웠다고 했을 때, 3개만 **브레인 덤프**로 생각해 냈다고 합시다. 이때 나머지 7개는 생각해 내지 못했어도 10개의 기억을 정착시키기 쉽게 하는 효과를 기대할 수 있죠.

배운 내용을 소화하는 노트 필기법

선생님   2교시 수업에서 이야기를 들으면서 하는 노트 필기는 워킹 메모리에 큰 부담을 준다고 했습니다. 그럼 어떻게 필기를 해야 워킹 메모리에 부담을 주지 않을까요? 여기서부터 **브레인 덤프**의 응용을 위한 구체적인 단서가 됩니다.

먼저, 교재를 읽거나 수업 영상이나 녹음을 이용하는 등 자신의 페이스대로 학습할 경우에는 **공부 사이클을 10~15분 정도씩 나누고, 사이클마다 1~2분 정도 짧은 미니 브레인 덤프를 해보세요.** 처음에는 교재를 읽거나 수업 내용을 시청하는 것에 집중하고 그 후 1~2분 동안 배운 것을 노트에 씁니다. 이때 주의할 점은 교재를 읽거나 수업 내용을 시청할 때 메모를 해선 안 됩니다. 또, 글자를 잘 써야 하거나 알기 쉽게 정리할 필요도 없습니다. 어디까지나 목적은 **브레인 덤프**이므로 속도와 양을 중시하세요. 자신이 없거나 잘 생각해 내지 못하는 부분이 있다면 그것을 노트에 써두세요.

혜영   선생님, 저는 어려운 부분을 공부할 때 10~15분도 집중하기 힘들어요.

선생님   내용에 따라서는 간격을 더 짧게 해도 상관없습니다. 개인차도 있으니 자신의 이해도나 내용에 맞는 간격을 찾아보세요. 10~15분은 어디까지나 기준치에 불과합니다.

가령 대호 님 부부처럼 외국어를 공부할 때는 단어를 2~3개 배울 때마다 **미니 브레인 덤프**를 해도 좋습니다. 내용이 복잡한 경우 **미니 브레인 덤프**를 조금 길게 해서 5~10분 정도 시간을 들여도 좋고요. 그리고 이전에 배운 내용이나 자신 있는 분야는 공부의 간격을 15분보다 길게 해서 **브레인 덤프**를 해나가도 됩니다.

대호   생각해 낸 것을 쓴 노트는 그대로 두나요?

선생님 좋은 질문입니다. 그날의 공부가 끝날 때, 혹은 적당한 시간대에 메모를 다시 보고 **정리 노트**를 만드세요. 필요하면 교재를 봐도 됩니다.

노트 작성의 가장 큰 목적은 중요한 점을 이후에 쉽게 찾아볼 수 있게 하는 겁니다. 글자를 예쁘게 쓰거나 배운 내용을 전부 쓸 필요는 없어요. 대개의 내용은 교과서나 교재에 이미 기록되어 있죠.

정리 노트에는 교과서에 실린 내용은 간결하게, 자기 생각 등 교재에 없는 것은 자세히 필기해 두는 것이 좋습니다.

수진   선생님, 학교와 학원에서는 수업이나 강의 내용을 녹음하는 것이 금지되어 있어요. **미니 브레인 덤프**를 제 페이스대로 할 수 없을 때는 어떻게 해야 하는지 조언 부탁드려요.

선생님 2교시 때 혜영 님도 같은 질문을 하셨죠. 먼저, 선생님이 주의해서 판서의 속도를 조정하거나 노트 필기 시간을 만들어 학생이 필기하기 쉽도록 수업을 구성할 경우에는 수업의 흐름에 따라 노트 필기를 하세요. 무리해서 **미니 브레인 덤프**를 하려는 것은 역효과입니다. 쉬는 시간이나 방과 후에 5~10분 정도 여유 있게 **브레인 덤프**를 하세요.

    거듭 말하지만 중요한 것은, 수업 시간의 노트 필기를 보지 않고 자신의 기억만으로 생각해 내는 겁니다. 노트나 교과서는 **브레인 덤프** 후에 확인용으로 보세요.

혜영 그렇구나. 그런데 거기까지 신경을 써주는 선생님만 있는 건 아니잖아요?

선생님 그럴 수도 있죠. 단, 그렇다고 무리해서 이야기를 들으며 노트 필기를 해선 안 됩니다. 다른 일을 하는데 노트 필기도 잘하는 사람이라면 문제없지만, 그렇지 않은 경우 워킹 메모리가 마비되어 수업 내용을 이해할 수 없게 됩니다. 그런 사태를 막기 위해 이야기를 들으면서 하는 노트 필기는 필요한 경우 최소한으로 하고, 수업의 기본이 되는 교과서와 교재를 최대한 활용하는 것이 좋습니다.

    학교와 학원 수업의 경우, 교과서나 교재에 내용이 상세히 있습니다. 선생님이 설명하는 내용의 대부분은 교재에 있죠. 수업 중에 중요한 내용은 교과서나 교재의 해당 부분에 표시하고, 메모는 최소한으로 합니다. 그렇게 해서 워킹 메모리에 부담을 줄입시다.

그리고 수업이 끝난 후에 **브레인 덤프**하고, 그 내용을 표시나 메모가 있는 교과서로 확인하세요.

효율적 리트리벌로 복습 효과를 높여라

선생님   수업이나 독학으로 배운 것을 복습할 때에도 **리트리벌**을 활용하세요. 교과서와 노트를 다시 보는 것만으로는 효과적인 복습이 될 수 없습니다.

대호   제가 수험생이었을 때 교과서나 참고서의 핵심 부분을 초록색 펜으로 덧칠해 버렸어요. 다음에 복습할 때 그 초록색으로 칠해진 부분에 무엇이 쓰여 있는지 생각해 내고, 빨강색 책받침을 사용해 맞는지 확인했죠. 그것도 **리트리벌**을 활용한 방법인가요?

선생님   네, 그렇습니다. 대호 님이 말씀하셨듯이 교과서나 노트를 그대로 읽는 것이 아니라 **리트리벌**의 보조로 사용하면 매우 효과적이죠. 복습할 때 전문 용어나 새로 배우는 내용이 나온다면 그대로 정의나 설명을 다시 읽지 말고, 우선 스스로에게 설명해 보세요.

브레인 덤프와 마찬가지로 소리를 내거나 글로 쓰는 것이 효과는 큽니다. 그렇게 하면 단순한 반복이 아니라 **리트리벌**을 활용한 복습을 할 수 있습니다. 대호 님 부부, 두 분이 서로에게 설명하는 것이 사실은 가장 효과적이에요.

혜영   아니, 남편의 기를 세워 주면 안 돼요.

선생님   ……. 이후에 **리트리벌** 복습이 쉽도록 교과서나 노트에 나름의 아이디어를 더해 두는 것이 좋습니다. 대호 님이 말한, 교과서의 중요한 포인트를 형광펜으로 칠한 부분에 책받침을 사용해 **마스킹**masking하는 리트리벌은 전통적인 복습 방법 중 하나입니다. 또, **단어 카드**도 우리에게 친숙하죠. 앞면에 단어와 용어, 뒷면에 의미와 설명을 써두죠. 복습할 때 앞면을 보고 **리트리벌**을 하고, 내용 확인을 위해 뒷면을 보는 방법입니다. 또, **마스킹**과 **단어 카드**처럼 손이 가는 방법을 사용하지 않아도 **정리 노트**를 쓰는 방법을 조금만 궁리하면 **리트리벌**이 하기 쉬워집니다.

예를 들어 핵심 용어를 제목으로 쓰고 아래에 손이나 책받침으로 가려지기 쉽도록 설명을 쓴다. 노트를 볼 때는 단순히 읽는 것이 아니라 제목을 본 다음 설명을 가리고, 내용을 소리 내서 설명해 본다. 그리고 가린 부분을 확인한다. 이처럼 **노트 리트리벌**을 하면서 복습하면 단순히 노트를 다시 읽는 것에 비해 학습 효과가 크게 달라집니다.

수진 앞으로는 **리트리벌**을 명심해 꼼꼼히 노트를 다시 읽어 보겠어요.

선생님 **리트리벌**은 다른 공부법과 조합해도 효과가 좋습니다. 가령 **리트리벌**로 전문 용어를 복습하면서 **자기 설명**과 **숙고**를 사용해 전문 용어의 의미를 설명하거나 왜 그렇게 되는지 생각합니다. 그렇게 하는 것으로 **리트리벌**의 효과는 더욱 커지죠.

최강의 리트리벌 활용법

선생님 **리트리벌** 하면 **테스트**죠. 관련된 문제에 답하는 것으로 질 좋은 **리트리벌**이 가능해집니다.

수진 교과서나 참고서의 연습 문제로 해도 되나요?

선생님 네. 교과서나 참고서에 연습 문제가 구성되어 있는 경우는 적극적으로 사용하세요. 단, 연습 문제의 **리트리벌** 효과를 최대한 활용하기 위해서는 몇 가지 주의가 필요합니다.

당연한 이야기인데, 문제와 답을 단순히 읽기만 해선 효과가 오르지 않아요. 처음에는 반드시 해답을 보지 않고 자신의 머리로만 문제를 풉니다. 도저히 모를 때는 해답을 보고 이해한 후에 다시 풀어 보세요. 이때도 자신의 머리로 푸는 것이 중요합니다. 해답이나 교재를 보면서 풀면 **리트리벌** 효과를 얻을 수 없어요. 답을 보면서 그대로 노트에 써보는 것 역시 당치도 않은 방법입니다. 학습 효과를 기대할 수 없어요. 재도전해도 풀 수 없으면 다시 해답을 보세요. 그 요령으로 해답을 보지 않고 풀 수 있을 때까지 반복해 문제에 도전합니다. 자신의 머리만으로 풀 수 있게 되면 다음 날 다시 풀어 보세요.

시간을 두고 다시 **리트리벌**을 하는 것으로 기억의 정착이 가속됩니다. 적당한 시간을 두고 복습하는 것을 '**스페이싱**spacing'이라 하는데, 이후에 자세히 설명하기로 하죠.

대호 연습 문제는 자신의 이해도를 확인하는 것이 목적인 줄 알았는데 **리트리벌**이라는 점에서 말하면 배움을 정착시키는 공부법이군요.

선생님 네, 맞습니다. 이해도를 확인하는 도구가 아니라 공부 도구인 거죠.

진우 그렇구나, 선생님의 설명을 들으니 확실히 마음이 편해요. 연습 문제를 풀지 못하면 늘 이해하지 못했다고 실망하는

데, **리트리벌**에 의해 공부가 된다고 생각하면 긍정적으로 할 수 있을 것 같아요.

선생님 그렇습니다. 앞서 말한 것처럼 **리트리벌**을 하면 실제로 생각해 내지 못한 것도 기억으로 정착됩니다. 또, 틀리는 경험은 매우 중요해요. 우리 뇌는 틀렸을 때 가장 효과적으로 배우게 되어 있습니다. 이것에 대해서는 4교시에 자세히 설명하겠습니다.

연습 문제는 매우 좋은 **리트리벌** 방법인데, 그중에서 가장 효과적인 방법을 소개하겠습니다. 바로 스스로 리트리벌 복습용 문제를 만들어 **셀프 테스트**를 하는 것입니다.[14] 서술형 문제나 객관식 문제 등 **정리 노트**의 중요 항목에 대해 스스로 문제를 만들어 보는 거죠. 문제를 만드는 과정에서 배운 것을 차분히 생각하며 적극적으로 돌아볼 수 있어 학습 효과를 높일 수 있습니다.

대호 꼭 해보고 싶은데 **셀프 테스트**는 힘들 것 같아요. 저의 경우는 압축하거나 전체를 다시 볼 때 하는 정도거든요.

선생님 네, 항상 같은 공부법으로 하기보다 자신의 취향이나 상황에 맞춰서 여러 가지 방법을 시도해 보는 것이 좋습니다. 여러분도 꼭 해보세요.

진우 솔직히 저에게 **셀프 테스트**는 벽이 높아요. 원래 테스트도 싫

어하는데 직접 그걸 만들라니…….

혜영 싫어도 승진 시험이 있으니까 우는 소리 하지 말아요.

선생님 '테스트'라고는 하지만, '○○의 의미는?' '××하면 어떻게 될까?'와 같은 단순한 주관식 문제에 불과합니다. 여유가 있으면 꼭 시도해 보세요.

수진 당장 해보고 싶어요.

선생님 또 하나, 시도해 보았으면 하는 간단한 **리트리벌** 학습법이 있습니다. **매번 수업과 자습 전에 이전에 배운 내용을 리트리벌하는 방법**입니다.

수업 시작 직전 1분 동안 지난 수업에서 배운 중요한 점 3가지를 생각해 봅니다. 수업 직전에 하는 **미니 브레인 덤프**죠. 혹은 일어난 직후나 점심시간 등 적당한 시간대를 찾아 **리트리벌**하며 어제의 **정리 노트**를 봅니다. 입시나 자격증 시험을 앞두면 자신도 모르게 조급해집니다. 시간적 압박 때문에 배운 것을 기억에 정착시키지 않은 채 계속 새로운 내용을 공부하면 제대로 이해하지 못해 그전까지 공부에 들인 노력이 전부 수포가 되어 버립니다. 이를 방지하기 위해서 **미니 브레인 덤프**로 배운 내용을 하나씩 정착시키면서 진도를 나가는 것이 중요합니다.

대호 학생 때부터 저는 그날 배운 내용을 노트에 정리하면서 공부했어요. 노트에 쓴 글자를 읽으면 이만큼 했다는 실감을 얻을 수 있거든요. 그런데 실제로 그 노트를 얼마나 복습을 위해 사용했는지 거의 기억이 없어요. 작업과 공부를 혼동했던 것 같습니다.

선생님   네, 바로 그게 포인트입니다. 앞서 말했듯이 **브레인 덤프** 등의 **리트리벌**을 함께 하면 효과는 있습니다. 하지만 그것만으로 끝내기는 아쉽죠. **오늘의 정리보다 내일의 리트리벌이 중요합니다.**

나이에 상관없이 효과적인 스페이싱

선생님   그런데 이 표어 말인데, 중요한 것은 '내일'이라는 부분입니다. 오늘 배운 것을 '내일' 복습한다. 어느 정도 시간을 두고 **리트리벌**하는 겁니다. 전문 용어로 **스페이싱**이라고 합니다. 앞의 연습 문제를 푸는 방법에서도 언급했죠.

간단히 말하면, **배운 내용을 리트리벌하기까지 시간에 간격 space 을 둔다**는 겁니다. 간단하죠.

진우   오, 그러네요. 시간의 간격을 둔다. 그거라면 저도 이해할 수 있습니다!

선생님	**리트리벌**과 **스페이싱**을 우리말로 표현해도 됩니다. 하지만 굳이 영어 그대로 여러분에게 설명하는 이유는 별생각 없이 하는 공부 습관의 일부분을 새로 의식해 주기를 기대하기 때문입니다. '생각해 내기'나 '시간 간격 두기'라는 단어는 과학적으로 검증되었다는 느낌을 받기 어려울 것 같거든요. 아무튼 **스페이싱**은 지금까지의 연구로 학습 효과가 매우 높다는 것이 확인되었습니다.[15]
	여기서 말하는 **스페이싱**은 10가지 공부법에 대한 설문 조사에서 **인터벌**이라고 불렀던 방법입니다. **테스트**와 나란히 '최고'에 속한 공부법이었죠.
혜영	공부한 것을 생각해 내려고 해도 시간을 두면 잊어버리지 않아요? 오히려 역효과일 것 같은데.
선생님	좋은 질문, 감사합니다. 아주 본질적인 지적입니다. 왜냐면 지금 혜영 님이 말씀하신 것이 바로 **스페이싱**이 효과적인 이유거든요.
	그도 그럴 것이 배운 내용을 시간을 두지 않고 **리트리벌**하는 것은 쉽습니다. 크게 머리를 쓰지 않아도 할 수 있을 겁니다. 그러나 시간을 두면 **리트리벌**의 난도가 올라가죠. 즉, 의도적으로 적당히 시간의 간격을 둠으로써, 말 그대로 너무 쉽지도 어렵지도 않은 일을 만들어 낼 수 있는 겁니다. 그것

으로 뇌를 활발히 사용할 수 있고, 공부 내용이 정착하기 쉬워진다는 것이 **스페이싱** 효과의 비밀입니다.

벼락치기보다는 스페이싱

혜영　그런데 '단기 집중 영어 특훈' 같은 학원 수업이나 영어 교실 코스는 흔하지 않아요? 단시간에 몰아서 하는 것이 효과가 있지 않을까요?

선생님　연이어 좋은 질문이네요. 여기서 단기 집중과 스페이싱에 관한 유명한 실험을 소개하겠습니다.[16] 먼저, 학생들은 외국어 공부를 합니다. 그 뒤, 학생들을 3개의 그룹으로 나누어 총 6번의 복습 수업에 참가하게 했습니다.

〈그룹1〉은 단기 집중 학습 그룹으로 모든 복습 수업을 그날 안에 듣습니다. 〈그룹2〉와 〈그룹3〉은 스페이싱 그룹으로 〈그룹2〉는 하루 간격, 〈그룹3〉은 한 달 간격으로 복습 수업에 참가합니다. 그룹 모두 각각 마지막 복습 수업 30일 후에 시험을 봤습니다. 그 결과 〈그룹1〉의 평균 점수가 가장 하위를 기록했고, 그에 비해 〈그룹2〉는 〈그룹1〉보다 약 30퍼센트, 〈그룹3〉은 〈그룹1〉보다 약 50퍼센트 높은 평균 점수를 받았습니다.

같은 공부 분량에도 불구하고, 하루에 끝내는 벼락치기형보다 복습 수업을 스페이싱한 그룹이 기억의 정착 면에서 훨씬 효과가 있었던 겁니다.

대호   아내가 말했듯이 벼락치기도 효과가 있을 것 같다고 생각했지만, **스페이싱** 같은 공부 습관이 좋다는 이미지도 있었는데 덕분에 결론을 지을 수 있겠어요.

선생님   다행입니다. 사실 결론이 났다고 말하고 싶은데, 사실 스페이싱은 장기적인 기억의 정착에 높은 효과가 있지만, 단기 기억에 한해서는 벼락치기도 승산이 있다고 합니다.

진우   좋아라, 저는 굳이 말하자면 벼락치기 스타일이라서요.

선생님   하지만 꼭 주의해야 합니다. 배움은 장기간에 걸쳐 쌓는 겁니다. 내일 중간고사를 벼락치기로 극복해도 수개월 후에는 기말고사가 다가오죠. 중간고사까지의 내용을 잊어버리면 의미가 없어요.

비즈니스 지식과 기술도 일단 배워도 금방 잊어버린다면 일에 도움이 안 됩니다. 그래서 일일 학습 시 **스페이싱**을 유념하는 것이 중요합니다. 그런 후에 테스트가 있으면 단기 집중을 사용해 장기 학습 효과와 단기 학습 효과를 더해 극복하는 것도 좋겠죠.

비슷한 주제는 인터리빙 공부법으로

선생님 　앞의 실험 결과에서 또 하나 주목해야 할 것이 있습니다. 이미 아셨을 텐데, 하루 간격의 〈그룹2〉보다 30일 간격의 〈그룹3〉이 **스페이싱** 효과가 더 높았습니다. 이것은 같은 것을 복습할 경우, 시간의 간격을 둘수록 기억의 정착을 더욱 기대할 수 있다는 겁니다. 실제로 기억이 **스페이싱**에 의한 학습 간격의 10배 긴 기간만큼 정착될 수 있다는 연구 결과가 보고되었습니다.[17]

　　　　그래서 오늘 배운 것을 내일 **리트리벌**하면 다음은 10일 후에 **리트리벌**한다. 그 다음은 100일 후에⋯⋯하는 식으로 스스로 완전히 습득했다고 느낄 때까지 **스페이싱** 간격을 차츰 넓혀 가는 것이 효과적입니다.

혜영 　그런데 내일 **리트리벌**하면 열흘 후까지 무얼 해야 하죠?

대호 　그야 다른 것을 공부하면 되지. 자꾸 새로운 것을 배우자고. 당연한 질문 하지 마요.

혜영 　그게 무슨 말이에요! 당신을 위해서 진지하게 묻는 거예요!

선생님 　그리고 지금 대호 님 부부의 대화, 사실은 매우 중요한 암시를 주고 있습니다. **스페이싱**으로 넓힌 학습 간격, 그 사이에 무엇을 해야 할까, 다른 것을 배운다. 그런 대화를 하셨죠.

하나의 주제만 집중적으로 반복하는 공부가 아니라 다양한 주제를 섞어 차례로 배워 가는 공부법을 **인터리빙**interleaving이라고 합니다. 1교시의 10가지 공부법 중에서 **혼합**이라고 불렀던 방법입니다.

가령, 덧셈만 철저히 공부한 후에 뺄셈을 공부하는 것이 아니라 덧셈을 어느 정도 할 수 있으면 뺄셈으로 넘어가고, 뺄셈도 어느 정도 할 수 있게 되면 이번에는 덧셈과 뺄셈을 섞어서 해본다. 이것이 **인터리빙** 공부법입니다.

혜영　어머, 영어예요, 진우 씨!

진우　…….

혜영　영어 알레르기는?

진우　하하, 왠지 익숙해졌어요. **혼합**이라고 하니까.

혜영　뭐야, 기대했잖아요.

선생님　아무튼, **인터리빙**도 학자들이 주목하는 공부법 중 하나입니다. 특히 수학에서 효과가 확인되었는데 그 외 분야에서도 효과에 대한 연구가 이루어지고 있습니다.[18] 단, 2가지 주의할 점을 말씀드리죠.

먼저, 수학의 미적분과 역사의 세계 사대 문명을 **인터리빙**해도 각각을 따로 공부하는 것과 효과는 다르지 않습니다. **인터리빙으로 학습 효과를 올리는 것은 같은 과목이나 비슷한 분**

야의 내용을 동시에 배우는 경우입니다. 둘의 차이나 유사점이 머릿속에서 완전히 정리되기 때문으로 여겨집니다. 그래서 다른 분야를 **인터리빙**해도 효과는 없습니다.[19]

또, 아직 익숙하지 않은 분야의 **인터리빙**도 오히려 역효과가 납니다. 덧셈과 뺄셈을 각각 어느 정도 할 수 있게 되기 전에, **인터리빙**하면 오히려 혼란스러울 겁니다. 각각을 나름대로 할 수 있게 된 후에 시도하는 것이 **인터리빙** 효과를 얻을 수 있습니다.[20]

혜영   그러니까 같은 종류의 주제로 어느 정도 할 수 있게 된 후네요. 알겠어요. 그럼 남편의 경우, 같은 종류의 전문 용어를 각각 어느 정도 공부하고 나서 혼합해서 생각해 내는 것이 좋겠네요?

선생님 네, 그렇습니다. 꼭 시도해 보세요. 혜영 님이 리트리벌용 테스트를 만들어 주면 좋지 않을까요?

혜영   그렇게까지는 못해요. 그런데 어쩔 수 없네…….

최강의 독서법 ①
리트리벌

선생님   이번 3교시에서는 **브레인 덤프**를 비롯해 **셀프 테스트**, **정리 노트** 등 **리트리벌**을 기본으로 하는 공부법을 소개했습니다. 그리고 **스페이싱**과 **인터리빙** 등 관련된 공부법 또한 살펴보았습니다. 여러 가지 방법이 있는데, 초조한 마음에 이것들을 전부 한 번에 시도하려 해선 안 됩니다. 스트레스받는 것은 물론이고, 공부 효율이 떨어질 수 있습니다. 우선은 **브레인 덤프**부터 시도하시기를 권합니다. 그것에 익숙해지면 노트를 이용해 **리트리벌**과 **스페이싱**을 활용합니다.

자, 마지막으로 **리트리벌** 테크닉을 조합한 독서법을 소개하겠습니다. 책을 읽는 것으로 얻은 지식과 새로운 사고방식을 머릿속에 정착시키고 싶거나, 독학으로 하나의 분야를 습득하고 싶은 분들을 위한 '최강의 독서법'을 공개합니다.

최강의 독서법: 메타인지편

상황	방법	내용 설명
독서 직전	① 스페이싱 + 인터리빙	새로운 부분을 읽기 전에 그전까지 읽은 장 제목을 보면서 각각의 내용을 간단히 **브레인 덤프**한다.
	② 리뷰	중요하다고 생각하는데 내용을 잊어버렸거나 신경 쓰이는 부분을 다시 읽는다.
섹션별	① 미니 브레인 덤프	한 섹션을 다 읽었으면 책을 덮고 1~2분 **미니 브레인 덤프**한다. 무엇을 배웠나, 무엇을 중요하다고 생각했나 머릿속으로 떠올리기만 해도 된다. 물론 메모하거나 소리를 내서 말하면 더욱 좋다. 섹션 하나를 읽을 때마다 **리트리벌**할 내용을 정해 두어 습관화한다.
	② 밑줄 긋기	읽으면서 중요하다고 생각되는 부분에 밑줄을 긋거나, 별표 등을 해서 눈에 띄게 한다. 밑줄을 긋는 것만으로는 학습 효과가 오르지 않지만, 이후에 다시 확인하고 싶은 부분을 찾기 쉬운 이점이 있다.
	③ 코멘트	여백에 자신의 생각을 써둔다.
장章별	① 브레인 덤프	그 장의 내용을 5~10분에 걸쳐 **브레인 덤프**한다. 이해가 되지 않는 부분은 즉시 찾아 다시 본다.
독서 직후	① 미니 브레인 덤프	오늘 읽은 장 제목을 보면서 내용을 간단히 **미니 브레인 덤프**한다.

선생님   여기서 언급한 시간 배분은 '섹션'과 '장'의 길이를 전제로 합니다. 물론 책에 따라 섹션과 장의 길이는 다르고, 내용 역시 어렵기도 하고 쉽기도 하죠. 자신의 목적에 맞춰 방식을 조정하세요.

    그리고 또 하나! 사실 이 방법은 책을 읽기 전과 읽은 후에 '어떤 것'을 습관화하면 학습 효과를 더 높일 수 있습니다. 바로 '메타인지'입니다. 다음 4교시에 자세히 설명하죠.

3교시 핵심 정리

① **리트리벌**: 노트나 교재를 보지 않고 자신의 머리로 배운 것을 생각해 낸다.

② 교과서 다시 읽기와 노트 다시 보기 등 공부했다는 기분이 드는 공부법을 주의해야 한다. 적극적으로 의식해서 **리트리벌**을 사용한 복습법을 습관화한다.

③ **브레인 덤프**: 배운 것을 소리 내서 말하거나 종이에 써서 생각해 낸다. 노트나 교과서에 의지하지 않고 자신의 머리로 기억한다. 속도와 양을 중시한다.

④ **정리 노트**: 미니 브레인 덤프를 자주 한다. 하루의 마무리 등, 공부를 마칠 때마다 **브레인 덤프**로 만든 메모를 토대로 **정리 노트**를 작성한다.

⑤ **미니 브레인 덤프**를 할 수 없는 수업의 경우: 교과서와 교재를 사용해 수업이 끝나면 여유 있게 **브레인 덤프**한다.

⑥ **마스킹**과 **단어 카드, 노트 리트리벌**은 효과적인 복습법이다.

⑦ **리트리벌**과 **자기 설명**이나 **숙고** 등의 공부법을 조합하면 효과가 2배로 늘어난다.

⑧ **연습 문제**는 효과적이다. 스스로 문제를 만드는 **셀프 테스트**는 더욱 효과가 크다.

⑨ 그날의 공부는 전날 공부한 내용을 **브레인 덤프** 후에 시작한다.

⑩ 복습 시 **스페이싱**을 활용하면 효과가 커진다. 가령 하루 간격이었으면 다음은 10일 간격으로 해본다.

⑪ 장기 기억에는 **스페이싱**, 시험 직전은 **단기 집중**으로 대비한다.

⑫ 내용을 어느 정도 익혔으면 **인터리빙**으로 내용의 장기 정착을 유도한다.

⑬ 내용이 머리에 남는 최강의 독서법 **리트리벌 편**

- 독서 직전 **스페이싱 + 인터리빙, 리뷰**

- 섹션마다 **미니 브레인 덤프, 밑줄 굿기, 코멘트**

- 장별로 **브레인 덤프**

- 독서 직후 **미니 브레인 덤프**

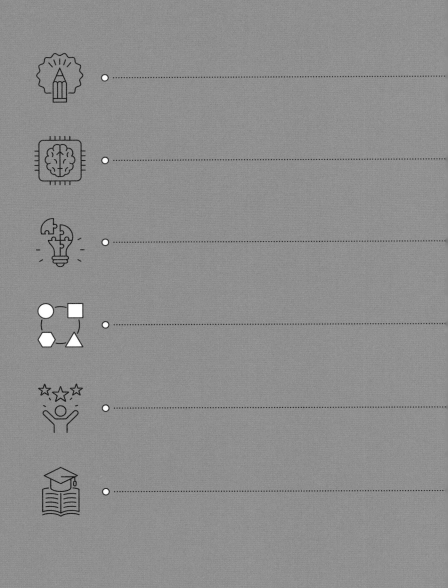

메타인지 각성법

이번 수업에 참여하는 학생들은 각자 다양한 동기가 있다. 3교시 때 보았듯이 혜영도 사실은 남편을 위하는 마음이 크다. 자신이 아니라 남편을 위해 이 수업에 참여했다. 또 한 명의 참가자, 익살스럽고 인상 좋은 박진우에게도 여러 사정이 있었다. 그의 인터뷰 내용은 다음과 같다.

지원자 이름 박진우

Q. 왜 이 수업에 참가하고 싶다고 생각했나요?

지난달, 10년 정도 일했던 회사가 대폭적인 경비 삭감에 직면해서 저도 정리해고 대상이 되었습니다. '지역을 위해, 사람을 위해'라는 사훈을 믿고 전부를 걸었던 회사입니다. 영업 실적도 최고 수준이었는데 왜 제가 정리해고 대상이 되었는지 아직도 억울하지만, 회사가 존속하기 위해서는 어쩔 수 없다고 생각해요.

솔직히 회사를 그만두게 된 이유가 창피하기도 하고, 한심한 기분이 듭니다. 하지만 주저앉아 있을 수만은 없기에 앞을 향해 나아가려고 합니다. 전문적으로 기술을 익혀 다른 회사에서 다시 시작하고 싶어요. 영업 멘트뿐만 아니라 다양한 능력과 지식을 가진 비즈니스맨이 되고 싶습니다. 언젠가는 관리직도 목표로 하고 싶어요. 새 회사에서 성공해 지금까지의 경력이 의미 있다는 것을 증명하고 싶습니다.
현재 다른 일을 찾고 있는데, 이것을 좋은 기회로 삼아 어학과 재무설
계 자격증 공부도 시작했습니다. 그런데 대학 시절의 운동부 습성이
남아 있기 때문인지 수험생 시절처럼 책상 앞에 진득하게 앉아 있기
힘듭니다. 이 수업으로 공부와 마주하는 방법을 바꿀 수 있을 것 같아
신청했습니다.

Q. 이 수업에서 특히 배우고 싶은 것이 있나요?
공부해도 금방 잊어버리거나, 여러 번 같은 실수를 해서 낙담할 때가
많습니다. 한 번 공부한 것은 계속 기억할 수 있었으면 좋겠습니다. 또,
낙담했을 때 기분을 전환시키는 방법이 있다면 그것도 배우고 싶어요.

Q. 그 외에 하고 싶은 이야기가 있나요?
약간 공부에 알레르기 반응을 보입니다. 특히 영어가 나오면 어쩔 줄
몰라 하는데, 신경 쓰지 마세요.

진우는 이번 수업 참가자들 사이에서 '사내 승진 시험을 앞둔 사람'으
로 인식되었지만, 사실은 일자리를 찾고 있다.

- □ 메타인지를 설명할 수 있다.
- □ 과잉 교정 효과에 대해 이야기 할 수 있다.
- □ 틀렸을 때 학습 효과를 얻을 수 있는 원리를 말할 수 있다.
- □ 학습 일기의 장점을 설명할 수 있다.
- □ 메타인지를 활용한 독서법을 습득할 수 있다.

재능보다 2배
더 중요한 메타인지

선생님   점심시간이 가까워지면서 어수선해지기 시작했는데, 4교시
      도 의욕적으로 잘해 봅시다. 앞서 말했듯 4교시의 주제는
      '메타인지'입니다!

진우   아, 알레르기가 멎은 것 같아요.

혜영   좋은 현상이에요. 힘내세요. 한창 일할 비즈니스맨, 승진을
      향해!

진우   ……. 네, 집중해서 듣겠습니다.

선생님   네, 힘냅시다. 아시다시피 '인지'란 사물을 보거나 듣거나 아
      는 겁니다. '메타인지'는 인지보다 한 단계 위의 인지, 즉 '인

지의 인지'가 되죠.

대호 아하, 그러면 소크라테스의 '무지無知의 지知'는 메타인지인 게 되나요?

선생님 그렇습니다. '모른다'는 것을 '알고 있다'는 거죠.

진우 앗, 그럼 영어 알레르기도 그런 게 되나요? 영어를 모른다, 못한다는 것을 알잖아요.

선생님 대단합니다! 바로 그거예요. 자신이 못하는 부분을 알고 있다는 것은 메타인지의 좋은 예죠. 진우 씨는 지금까지의 수업에서 영어는 어려우니까 더 집중해서 듣겠다고 했어요. 거기에는 자신이 잘하는 것, 잘하지 못하는 것에 관한 '자기 인지'가 있습니다.

또, '더 집중'한다는 공부법과 자세에 관한 인지도 있어요. 자신이 아는 공부 방법과 요령은 무엇인가. 언제, 어떻게 사용하나. 말하자면 공부법의 인지입니다. 또, 목표와 계획을 세우거나 진도와 달성도를 스스로 평가할 줄 아는 '자기 관리 능력'도 메타인지의 하나죠. 이처럼 메타인지에는 여러 종류가 있습니다.[1]

혜영 메타인지? 왠지 가끔 들었던 것 같기도 해요.

선생님 네, 메타인지는 최근 뇌과학 분야에서 가장 떠오르는 주제 가운데 하나입니다. 그도 그럴 것이 학습 효과를 얻기 위해서 다양한 요인이 관여하는데, 학습자의 재능이 관여하는 비율이 10퍼센트인데 비해 메타인지 능력은 17퍼센트나 관여합니다.[2]

즉, 메타인지 능력이 지성과 재능에 비해 학습 효과를 약 2배나 좌우하는 것이죠. 그래서 다양한 분야에서 폭넓은 연령대를 대상으로 메타인지에 관한 연구가 이루어지고 있습니다. 그런 연구의 성과로서, 메타인지 능력을 높이는 것으로 응용력과 문제 해결 능력이 향상되는 등 다양한 학습 효과가 밝혀졌어요.[3]

진우   그럼 지성과 재능이 다른 사람보다 떨어져도 메타인지 능력을 높이면 만회할 수 있다는 건가요?

선생님   그렇습니다. 메타인지 능력은 트레이닝으로 높일 수 있어요. 그래서 최첨단 교육 현장에서는 메타인지가 중요한 핵심 개념이 되고 있죠.[4] 이번 4교시에서는 메타인지 트레이닝 방법과 일상생활에서 의식적으로 사용해야 할 습관에 관해 이야기하겠습니다.

자신감 과잉의 원인

선생님   먼저 여러분, 더닝 크루거 효과dunning-kruger effect를 아시나요?

수진   성적과 성과가 낮을수록 자신감 과잉이 되는 경향입니다. 어설픈 설명이네요.

선생님   역시 수진 학생이에요. 맞습니다. 시험에서 하위인 사람일 수록 실제 순위보다 위에 있다고 착각하는 현상을 말합니다.[5] 이런 자기 인식과 현실의 차이로 공부나 업무에서의 성과나 사회성, 인간관계 등에 악영향을 끼친다는 것이 밝혀졌습니다.[6]

대호   '이건 충분히 이해했다' '복습했으니까 한동안 손을 떼도 괜찮다' 이렇게 생각하면 더 공부하거나 연습하자고 생각하지 않죠.

선생님   그렇습니다. 더닝 크루거 효과는 메타인지와 관련지어 연구되었습니다. 자신의 실력에 관한 인지가 잘못되었다. 즉, 자신의 메타인지가 틀렸다는 것이죠. 현재 자신의 이해나 기술 수준을 정확히 인식하지 못하면 효과적인 학습이 불가능합니다. 그러나 그것이 단순하지 않기 때문에 이만큼 연구가 이루어지고 있는 것이죠.

가령 3교시 때 '한 것 같은 기분이 드는 공부법'에 대해서 말했습니다. 노트나 교과서를 다시 읽는 것만으로 '전체를 빠짐없이 공부했다' 혹은 '주제를 이해한다'고 느끼는 것처럼 실제 학습 효과는 낮지만 학습 효과가 높다고 착각할 수 있죠. 즉, 더닝 크루거 효과로 이어지는 함정이 우리의 학습 습관에 숨어 있는 겁니다.

혜영   원래 자신감 과잉이 성격인 것이 아니라, 좋다고 생각해서 했던 공부법이 좋은 기분이 들게 하는 거네요. 아무리 성실한 사람도 치켜세우면 태도가 달라지는 경우가 많죠.

진우   조금 다른 거 같은데요, 그게……. 주위와 대화를 하다 보니 흐름이 묘한 방향으로 가버릴 때가 있다고 할까. 사실은…….

대호   진우 씨가 불편해하잖아. 수업에 집중해, 여보.

진우   …….

뇌는 공부를 행복으로 인식한다

수진   선생님, 안다고 믿기 때문에 하지 않아도 괜찮다고 느끼는 경우가 있다는 말씀이시죠? 그런데 모른다고 인지한 순간, 알고 싶다는 기분으로 이어지는 경우도 있지 않나요?

선생님   네, 호기심이 있으면 공부 효과가 크다는 것이 최근의 뇌과학에서도 확인되었어요. 조금 설명을 하죠. 먼저, 우리가 행복감과 쾌락을 느끼면 뇌의 보수계報酬系라는 회로가 활성화됩니다. 도파민이라는 단어, 들어 보셨나요?

진우 쾌락 물질이죠.

선생님 네, 그렇습니다. 우리가 행복하거나 기분 좋다고 느낄 때 뇌에서는 신경 전달 물질인 도파민이 분비되고 보수계가 활성화됩니다. 우리가 **새로운 것을 배울 때도 보수계가 활성화된다는 것이 밝혀졌습니다.**[7] 몰랐던 것을 이해했거나 어려운 기술을 습득했을 때 기쁘고 기분이 상쾌하죠. 그 감각은 사실은 '행복하다'거나 '기분 좋다'는 달성감과 쾌감과 같은 곳에서 옵니다.

1교시 때 말했지만 학습은 인간의 진화에 있어 최고의 생존 전략입니다. 인간이 항상 자극을 받아 배움이라는 행동으로 이어질 수 있도록 뇌가 진화한 것이죠.

혜영 말 그대로, 뇌에게 공부는 '기분 좋다'네요. 그렇게 생각하니 더 공부하고 싶어져요.

선생님 그 보수계를 활성화시키는 것이 도파민인데, 워킹 메모리를 활성화시키고 기억 정착을 촉진하는 것으로 학습에 중요한 역할을 합니다.[8] 그리고 이 도파민이라는 물질, 새로운 것을 배웠을 때뿐만 아니라 새로운 것을 배울 수 있다고 기대하는 것만으로도 분비됩니다. 알고 싶다고 생각할수록, 호기심이 강할수록 도파민의 분비가 늘어나 보수계가 더욱 활성화됩니다.[9] 하지만 새로운 정보에 대한 기대는 자신이 그것을 '모른다는 것을 인식한다'는 메타인지가 전제되어야 성립합니다.

수진   모른다고 인식하는 것으로 새로운 정보를 기대함으로써 도파민이 증가해 학습 효과가 오른다는 말이군요.

선생님   네, 그래요. 직접 확인해 봅시다. 터키의 수도는 어디일까요? 모르거나 혹은 알 것 같은데 자신이 없는 분은 손을 들어 주세요.

(진우, 대호, 혜영이 손을 든다.)

진우   수진 학생, 어딘지 알아요? 역시 기대를 저버리지 않네요. 대체 어디야?

혜영   목구멍까지 나왔는데, 억울하다! 어디지?

선생님   네, 바로 지금 터키의 수도에 여러분의 호기심이 집중했습니다. 질문을 듣고 정답을 모른다고 메타인지를 하는 것으로 호기심이 솟는다. 지금 여러분의 머릿속에서 도파민 수치가 올라가 뇌가 배움의 쾌락을 기대하는 상태입니다. 자,

수진 학생이 답을 말해 주세요.

수진　　 앙카라입니다. 이스탄불은 아니에요.

선생님　 정답! 흔한 오답까지 언급해 줘서 고맙습니다. 모른다는 메타인지로부터 도파민 분사 그리고 정답. 이 일련의 흐름으로 학습 효과가 크게 높아졌습니다. 반면에 '터키의 수도가 어딘지 모른다'는 메타인지가 없는 상태(모른다는 것을 모르는 상태)에서 물으면 그 효과는 얻을 수 없어요.

　　　　 가령 뉴스에서 '터키의 수도 앙카라에서'라고 갑자기 예고 없이 들었다고 해도 호기심의 도파민 효과는 발생하지 않습니다.

과잉 교정 효과를 활용하라

대호　　 그렇군요, 알겠습니다. 선생님, 반대인 경우는 어떨까요? '모른다는 것을 모르는' 상태와는 반대로 '안다고 착각하는' 상태에서 자신이 틀렸을 때 정확한 답을 안 경우 말입니다.

선생님　 예리한 질문입니다. 모르는 것을 안다고 착각하는 것의 위험성은 '안다고 생각해 정답을 확인하려 하지 않는 것'에 있습니다. 반면에 안다고 생각했다가 틀려도 일단 답을 확인하거나 복습했다고 합시다. 즉, 안다고 생각한 것이 사실은 틀렸다는 것을 깨닫는 경우입니다. 이 경우 '알고 있다'에서 '틀렸다'로 변할 때의 충격으로 정보가 기억에 더욱 정착하기 쉽습니다. '과잉 교정 효과hypercorrection effect'라는 이름도 있을 정도입니다. 단순한 교정이 아니라 '과잉' 교정입니다. 이번에도 직접 해볼까요? 계속해서 수도 시리즈입니다. 브라질의 수도는 어디일까요? 이번에는 정답을 맞힐 자신 있는 분, 손 들어 주세요.

(혜영과 진우가 손을 든다. 대호, 수진은 생각하는 모습이다.)

진우   수진 학생, 손 안 들어요? 혜영 님, 저, 자신이 없어졌어요. 불안해요.

혜영   걱정하지 말아요. 나, 자신 있어요.

대호   선생님께서 과잉 교정 효과를 설명했으니까 분명 간단하지 않을 거야.

혜영   아니에요. 당신도 손들어요. 내 답은 '안다고 생각한 것'일 수도 있으니까 과잉 교정 효과의 실례를 여러분에게 보여 줄 수 있을지 모르잖아.

선생님   여러분, 분위기 파악하는 건 하지 않아도 됩니다. 그럼, 진우 씨와 혜영 님, 정답을 말해 주세요.

진우 상파울루입니다.

혜영 그럴 줄 알았어. 진짜 정답은 리우데자네이루죠?

선생님 수진 학생은 어디라고 생각하죠?

수진 브라질리아라고 생각하는데, 과잉 교정 효과가 나왔기 때문에 함정 문제일 것 같아서 손을 들지 않았어요.

선생님 수진 학생의 대답이 맞았습니다. 정답은 브라질리아입니다.

대호 역시 그랬어!

혜영 정답을 안 후에는 뭐든 말할 수 있지! 음흉해!

선생님 지금, 진우 씨와 혜영 님은 과잉 교정 효과를 보았다고 할 수 있습니다. 자신 있게 대답했지만 틀렸죠. 낙심할 필요 없습니다. 학습 효과를 얻을 수 있었기 때문에 긍정적으로 생각하세요! 수진 학생과 대호 님에게도 보너스. 알겠지만 확신이 없던 두 분은 메타인지를 한 겁니다. 그리고 답을 확인했는데 결국 정답이었다. 이 '자신감 없는 예측'을 가지고 말했는데 '결국 정답'이었다, 하는 경우도 역시 학습 효과를 높일 수 있습니다.[10]

틀렸을 때 최대의 학습 효과를 얻는다

선생님   사실 과잉 교정 효과에 국한되지 않더라도 배움에 실수는
         따르는 법이죠. 최근 뇌과학 연구를 통해 틀렸을 때야말로
         최대의 학습 효과를 얻을 수 있다는 점을 확인했습니다.[11]

진우   그럼, 시험 점수가 나쁠수록 학습 효과가 높다는 건가요?

선생님   아, 그렇게 생각할 수도 있군요. 꼭 그렇지만은 않습니다.
         여기서 중요한 점은 틀리기 전에 제대로 대답하려고 했냐
         는 겁니다.

         (A) 문제를 이해하고 나름대로 답을 냈지만 틀렸다.

         (B) 문제를 이해하지 않은 채 어림짐작으로 대답해서 역시
             틀렸다.

         (A)와 (B)는 확실히 다르죠. 학습 효과를 얻을 수 있는 것
         은 물론 (A)입니다. 답을 맞히려고 시도했으나 오답인 것으
         로, 답을 말하지 않거나 어림짐작으로 답했다가 틀린 것과
         는 다르므로 주의하세요.

수진   알겠습니다. 그런데 왜 틀렸을 때가 기회인 거죠?

선생님   그건 뇌가 학습하는 구조를 알면 이해할 수 있어요. 뇌는 보
         거나 듣는 등의 지각을 통해 환경을 인식하는 동시에 가설
         을 세우죠. 가령 수진 학생이 좋아하는 아이스크림을 냉동

실에서 발견했어요. 지금은 시간이 없어 저녁 식사 후에 먹자고 생각하고 일단 참습니다.

이때 수진 학생은 냉동실에 있는 아이스크림을 보고 '저녁 식사 후까지 아이스크림이 냉동실에 있다'라고 가설을 세웁니다. 그렇게 하지 않으면 '지금은 시간이 없으니까 참고 나중에 먹자'라고 생각할 수 없죠. 그런데 뇌가 세우는 가설이 빗나갈 때가 있습니다. 가령 저녁 식사 후에 냉동실을 봤더니 아이스크림이 없을 수도 있죠. 가족 중 누군가가 먹는 경우도 생길 수 있어요. 이처럼 가설이 틀렸을 때, 다음에 비슷한 환경에서 더 정확한 예측을 할 수 있도록 뇌가 변화를 일으킵니다. 이때 학습이 일어나는 거예요.[12] 실제로 뇌의 예측이 틀렸다는 것이 판명되면 보수계가 도파민의 분비에 의해 활성화되어 뉴런 회로가 적절히 업데이트된다는 것도 밝혀졌습니다.[13]

이런 뇌의 구조가 오류를 절호의 학습 기회로 바꾸는 것이죠. **예측하고, 그것이 틀렸다는 것을 알았을 때 보수계의 활성화로 오류를 수정하는 준비를 할 수 있게 됩니다. 그 상태에서 오류를 확인하고 정확한 답을 이해하는 것으로 최고의 배움을 얻을 수 있는 겁니다.**

진우   틀렸다고 낙심만 해서는 안 된다. 실패했을 때 최고의 배움의 기회가 찾아온다는 것을 기억하고, 긍정적으로 배움에 집중한다는 거죠?

선생님   네, 그렇습니다. 틀린 덕분에 최고의 기회를 얻을 수 있었다고 생각하는 마음가짐이 중요합니다. 틀렸을 때 실제로 그렇게 생각하는 것만으로 뇌가 더욱 활성화한다는 것도 밝혀졌어요.[14]

대호   역시 긍정적인 사고가 중요하네요. 뭐든 마음먹기 나름이군요.

뇌를 알수록 머리가 좋아진다

선생님   대호 님의 말씀대로 마음먹기가 몸과 마음에 가져오는 놀라운 효과가 밝혀지고 있습니다. 자신은 건강하다고 생각하는 사람일수록 수명이 길다,[15] 운동이라 생각하고 육체 노동을 하면 체지방과 혈압에 좋은 영향을 준다,[16] 이미지 트레이닝만으로 근력이 향상된다는 보고까지 있습니다.[17]

물론 공부도 예외는 아닙니다. 마음먹기 나름은 유행하는 말로 '마인드셋mindset'이라고 표현할 수 있는데, 특히 성장 마인드셋과 학습 효과의 관계는 인기 연구 주제입니다.

혜영　　　성장 마인드셋은 《마인드셋Mindset: The New Psychology of Success》(스몰
　　　　　빅라이프, 2017)[18]에 쓰여 있어요. 저자는 선생님과 같은 스탠
　　　　　퍼드대학 교수예요.

선생님　　네, 캐롤 드웩Carol S. Dweck 교수죠. 세계에서 가장 영향력 있는
　　　　　교육학자로 알려진 인물입니다.

　　　　　재능과 능력이 고정되어 변화하지 않는다는 자기 이미지를
　　　　　갖는 것이 '고정 마인드셋fixed mindset'입니다. 반면에 **재능과 능**
　　　　　력은 노력과 트레이닝에 따라 향상된다는 이미지에 바탕을 두
　　　　　는 것이 '성장 마인드셋growth-mindset**'**이에요. 성장 마인드셋을
　　　　　가진 사람은 인내심이 강하고 성적과 실적도 향상되는 데
　　　　　비해 고정 마인드셋을 가진 사람은 포기하기 쉽고 향상심
　　　　　이 부족해 성적과 실적도 크게 변동하지 않는 상태라는 것
　　　　　이 일련의 마인드셋 연구에서 밝혀졌습니다.

수진　　　선생님이 앞서 말씀하신 '틀렸을 때야말로 학습 효과를 얻
　　　　　을 수 있는 절호의 기회'라는 것도 성장 마인드셋의 일종이
　　　　　라고 이해해도 될까요?

선생님　　네, 훌륭합니다. 바로 거기에 핵심이 있어요. 성장 마인드셋
　　　　　에 의해 성적도 실적도 오른다면, 어떻게 해야 성장 마인드
　　　　　셋을 손에 넣을 수 있을까요?

　　　　　쉬운 방법 중 하나가 뇌과학을 아는 것입니다. 오늘 수업에

서는 뇌의 가소성(p.40)과 오류의 뇌과학(p.132) 등 우리가 무언가를 배울 때 머릿속에서 어떤 일이 일어나는지를 배웠습니다.

우리가 **새로운 것을 배울 때마다 실제로 뇌의 뉴런 회로가 점점 변화한다.** 또, 틀렸을 때야말로 뇌가 가장 활성화한다. 우리의 능력은 변화합니다. 이런 지식을 얻는 것으로 뇌와 그것이 가능하게 하는 자신의 능력 성장을 긍정적으로 이미지화할 수 있습니다. 그리고 그 이미지를 갖는 것이 성장 마인드셋으로 이어집니다.[19]

진우 그 말은, 저는 이미 성장 마인드셋을 장착했다는 거네요. 오늘 선생님의 수업을 듣길 잘했어요. 솔직히 오늘 수업에선 영어와 뇌과학에 고전해 조금 불안했어요. 자신에게 효과가 있을 만한 공부법만 알면 된다고 생각했죠. 그런데 이해가 됐습니다. 고맙습니다!

혜영 뭔가 약간 감동적이네. 진우 씨가 조금 크게 보여요. 이걸로 승진은 틀림없어요.

진우 아니, 그게…….

수진 진우 님의 겸손한 자세, 저도 배웠습니다.

선생님 예리한 지적입니다. 사실은 드웩 교수의 실험에서[20] 공부법을 배운 그룹과 뇌과학을 토대로 한 성장 마인드셋을 습득한 그룹으로 나누어 학습 효과를 비교했는데 후자가 성적이 향상되었다는 사례도 있습니다. 이 수업의 주제는 '공부법'이지만 처음부터 끝까지 잔꾀에 불과한 테크닉이어선 불충분할 뿐더러 아쉽죠. 뇌를 알면 성장 마인드셋을 가질 수 있고 이는 공부법을 습득하는 것보다 좋은 학습 효과로 이어진다는 것입니다.

오늘 수업을 계기로 삼아, 뇌과학의 이미지를 뇌리에 새겨서 성장 마인드셋을 손에 넣으세요. 우리 모두의 재능과 능력은 트레이닝과 학습으로 계속 성장할 겁니다!

합격을 부르는 메타인지 루틴

선생님 뇌과학으로 성장 마인드셋을 습득하는 것 외에 트레이닝으로 메타인지 능력을 향상시키는 방법이 있습니다. 의식적으로 메타인지 기술을 단련하는 것으로 학습 효과를 극적으로 향상시킬 수 있어요. 그래서 여러분의 학습 습관에 꼭 함께 사용했으면 하는 4가지 메타인지 루틴(의식적으로 반복해서 하는 행동)을 소개하겠습니다.

4가지 메타인지 루틴

공부 전 평가	지금부터 공부할 주제에 대해 알고 있는 것은 무엇인지, 모르는 것은 무엇인지, 2~3분 동안 노트에 적는다. 사전에 알고 있는 것과 모르는 것을 확인함으로써 메타인지 효과를 발휘할 수 있다.
브레인 덤프 + 메타인지	**브레인 덤프** 때 '자신감 정도'를 확인한다. 가령 ○는 '자신감 大', △는 '자신감 별로 없음', ×는 '재검토 필요'와 같은 식으로 기호를 정한다. 이후에 **정리 노트**를 만들 때 △와 ×표를 한 항목은 교과서나 참고서 등으로 확인한다. 이 과정으로 자신의 인지를 확인해 학습 효과 향상으로 이어간다.
리트리벌 복습 + 메타인지	**연습 문제**와 **셀프 테스트** 등, **리트리벌** 복습을 할 때도 마찬가지로 ○, △, × 등의 기호로 자신감 정도를 확인한다.
학습 일기	취침 전이나 하루를 마무리할 때 학습 일기(저널)를 쓴다. 다음 중 2~3가지에 초점을 맞춘다. 매일 5~10분 정도의 간단한 학습 일기로도 충분하다. • 오늘 공부 전과 후에 자신의 지식과 기술이 얼마나 바뀌었나 • 오늘 학습 목표 달성 여부와 내일의 학습 목표 • 오늘 시도한 공부법 평가 • 자신이 잘하는 부분과 못하는 부분에 대해 느낀 점 • 개선점이 있다면 다음에 어떻게 활용할까

수진   이렇게 정리해 주시니 도움이 돼요. 잘 보면 이미 제가 거의 습관처럼 하고 있는 것도 있어요. 가령 그날 공부에 대해 일기를 쓰는 것인데, 앞으로는 이 정리를 참고로 업그레이드

한 **학습 일기**을 쓰겠어요

선생님   수진 학생, 훌륭한 생각이에요. 특히 **학습 일기**의 경우, 어차피 일기일 뿐이라 여기지 말고 꼭 학습 습관으로 만들어 보세요. 최근 연구에서 엄청난 효과가 확인되었거든요. 또, 일기가 몸과 마음의 건강에도 한몫을 한다는 것도 밝혀졌습니다. 이것에 대해서는 6교시 때 자세히 설명하기로 하죠. 다른 여러분도 여기에 열거한 메타인지 루틴을 자기 나름대로 응용하면서 루틴으로 하면 학습 효과가 확실히 향상될 겁니다. 그렇다고 한 번에 모든 것을 루틴화할 필요는 없습니다. 지속하는 것이 중요합니다. 무리하지 않고 가능한 범위부터 습관으로 만드세요.

가령, 학습 습관이 전혀 없다면 **브레인 덤프 + 메타인지**부터 시작해서 **리트리벌 + 메타인지**로 천천히 진행하세요. 또, 바쁜 사람의 경우 **학습 일기**를 매일 쓰는 것은 어려울 수 있으니, 빈도를 줄이는 등 무리하지 않고 자신에게 맞는 범위 내에서 활용해 보세요.

시험을 본 뒤에는 학습 일기를 써라

선생님   **학습 일기**에는 당장 해볼 수 있는 응용법도 있습니다. 특히
자주 시험을 보는 분들에게 권하고 싶은 방법입니다.

바로 **테스트 후 일기**이라는 메타인지 연습입니다. 이름대로
자신이 본 시험을 돌아보면서 저널을 쓰는 겁니다. '시험을
총괄하다'는 의미로, 영어로는 'Exam Wrapper'(Exam은 시
험, Wrapper은 싸개의 의미)라고 합니다. 메타인지 방법으로
서 폭넓게 관심을 받고 있고, 그만큼 연구도 많이 이루어졌
습니다. 학습 효과는 보증합니다.[21] 지금까지 발표된 관련
논문에서 중요한 것을 5가지로 압축해 소개하겠습니다.

'테스트 후 일기' 사용법

시험 결과를 받으면 시험을 돌아보면서 학습 일기를 쓰세요.
다음의 5가지 질문을 사용해 쓰도록 하세요.

① 시험을 위해 어떤 준비를 했나?
② 시험 전에 얼마나 자신이 있었나? 좋은 결과를 얻을 수 있다고 생각했나?
③ 그에 비해 실제 결과는 어땠나?
④ 시험에서 무엇을 틀렸나? 왜 틀렸다고 생각하나?
⑤ 다음 시험 준비와 시험을 보는 방법에서 무엇을 어떻게 개선할 수 있나?

수진	시험을 치고 점검은 해봤는데, 그저 막연한 저만의 방식이었어요. 이렇게 5가지 질문에 따라 학습 일기를 쓰면 효과적으로 점검할 수 있을 것 같아요. 감사합니다.
혜영	수진 학생처럼 학생으로 정기적으로 시험이 있거나 모의고사를 치르는 등 시험 볼 기회가 많은 사람에게 도움이 될 것 같아요. 하지만 진우 씨처럼 단판 승부인 시험이라면 힘들지 않을까요?
선생님	확실히 승진 시험에 다음은 없죠. 그런 경우는 앞서 소개한 메타인지 방법을 사용해 보면 좋을 겁니다.
진우	사실은 이야기의 흐름으로 승진 시험이라고 말했는데, 최근에, 음⋯⋯.
혜영	진우 씨, 괜찮아요? 힘든 것 같은데 크게 숨 쉬세요!
진우	최근에, 음⋯⋯. 정리 해고를! 말했더니 갑자기 마음이 편해졌어요. 네, 정리 해고를 당해서 일자리를 찾으며 한 단계 성장하기 위해 공부를 시작했어요. 오랫동안 일한 회사라 속상했지만 다시 앞으로 나아가고 싶습니다.
대호	그런 거였군요. 아까부터 뭔가 말하려 하는 것 같았는데 아내가 가로막아서 미안합니다. 아무튼 진우 씨의 긍정적인 생각은 정말 멋져요. 그런 중요한 이야기를 솔직히 해줘서 기뻐요. 수진 학생, 진우 씨와도 한 팀이 된 것 같은 기분이

들어요.

혜영 어머, 미안해요. 나는 처음부터 승진 시험이라고 생각했어
요. 말을 하지. 겨우 반나절 같이 있었지만 마치 우리 아들
같아. 우리는 한 팀이니까 같이 힘내요.

진우 네, 저도 팀의 일원 같은 기분이 들어요. 여러분과 함께 계
속 공부하겠습니다!

최강의 독서법 ②
메타인지 플러스

선생님　자, 마음을 다잡고 앞서 약속한 최강의 독서법을 이어서 소
　　　　개하겠습니다. 3교시 마지막에 리트리벌 독서법을 소개했
　　　　죠. 그 리트리벌 독서법에 메타인지의 요소를 더하면 진정
　　　　한 최강의 독서법이 됩니다.

대호　　왠지 기대되고 설레요.

선생님　메타인지 독서로 배움의 수준을 높이기 바랍니다. 그럼 설
　　　　명을 시작하겠습니다. 먼저, 앞서 언급했던 리트리벌 독서
　　　　법에 독서 전 평가와 독서 후 저널을 더합니다. 그리고 자신
　　　　이 없는 부분을 의식하면서 읽어 나갈 수 있는 테크닉을 적
　　　　절히 사용합니다. 3교시 때의 내용도 포함해 전체적으로 정
　　　　리하면 다음과 같습니다.

최강의 독서법: 메타인지 플러스편

상황	방법	설명
읽기 전	목차 평가	목차로 전체를 훑어본다. 무엇이 쓰여 있을지 상상하면서 장과 섹션별로 '흥미있다' '어려울 것 같다' 등 예상과 감상을 적는다. '흥미있다'는 ☆, '어려울 것 같다'는 □ 등 자주 사용하는 말은 기호로 표시해도 좋다.
	독서 전 일기	목차 평가 후에 지금 자신이 어떤 것을 알고 어떤 것을 모르는지 그리고 이 책을 읽고 어떤 것을 배울 수 있을지 기대도 포함해 적어 둔다.
당일 독서 직전	스페이싱 + 인터리빙	새로운 부분을 읽기 전에 지금까지 읽은 장과 섹션의 제목을 보며 각 부분의 내용을 대략적으로 간단하게 **브레인 덤프**한다.
	리뷰	'중요하다고 생각하는데 내용을 잊어버렸다' '뭔가 납득이 안 간다'하는 부분이 있으면 다시 읽는다.
	독서 전 평가	그날 읽을 예정인 부분의 제목을 보고 각 장과 섹션에 어떤 내용이 쓰여 있을지 상상한다. 처음의 **목차 평가**와 다른 새로운 상상이나 감상이 생겼으면 이전 작성 기록은 그대로 남긴 상태에서 새로운 상상이나 감상을 적는다.

섹션별	미니 브레인 덤프	하나의 섹션을 읽었다면 책을 덮고 1~2분간 **미니 브레인 덤프**를 한다. 어떤 것을 배웠는지, 무엇을 중요하다고 생각했는지 머릿속으로 떠올리는 것만으로도 충분하다. 메모하면 더욱 좋다. 특히 처음에는 한 섹션을 읽을 때마다 '가장 중요한 것을 2가지 말하기' '가장 재미있었던 부분은 어디인가' 하는 등 **리트리벌**할 내용을 정해 습관화한다.
	밑줄 긋기	읽으면서 중요하다고 생각하는 부분에 밑줄을 긋거나 따로 표시해 눈에 띄게 한다. 밑줄을 긋는 것만으로는 학습 효과가 오르지 않지만 이후에 다시 읽고 싶은 부분을 찾기 쉬운 이점이 있다.
장별	브레인 덤프	그 장의 내용을 5~10분에 걸쳐 **브레인 덤프**한다. 납득이 가지 않는 부분은 즉시 **리뷰**한다.
그날 독서 직후	미니 브레인 덤프	오늘 읽은 장과 섹션의 제목을 보며 내용을 간단히 **미니 브레인 덤프**한다.
	독서 후 감상	읽은 부분의 제목을 보면서 **독서 전 평가**를 떠올려 무엇을 배웠는지, 어떻게 생각했는지 작성한다.
한 권을 다 읽은 후	독서 후 일기	**독서 전 일기**을 읽는다. 독서 전에 어떻게 생각했는지, 예측이 맞았는지, 맞지 않았는지, 무엇을 배웠는지 등에 초점을 맞춰 저널을 쓴다.

진우　너무 많아서 소화불량에 걸릴 것 같아요……. 처음 시작할 경우는 어떻게 하는 게 좋을까요?

선생님　진우 씨가 아주 좋은 질문을 했습니다. 무리는 금물. 처음부터 전부 하려고 하면 지속할 수 없어요. 먼저 **리트리벌편**(p.112)부터 시작하고, 그 후에 **메타인지 플러스편**을 하는 것이 좋습니다.

또, 익숙해질 때까지는 '섹션마다 할 것'과 '장章마다 할 것'을 생략해도 됩니다. 이전과는 다르게 리트리벌과 메타인지로 내용이 머리에 쏙 들어오는 독서를 즐기세요.

4교시 핵심 정리

① 메타인지: 인지에 관한 인지

- 자기 인지: '모른다는 것을 안다' 등, 자신의 인지에 관한 인지

- 공부법 인지: 공부법에 관한 인지. '언제, 어떻게, 왜' 사용할까도 포함

- 자기 관리: 목표, 예정, 평가 등(6교시에 자세히 설명)

② 메타인지는 지성과 재능보다 2배 중요

③ '한 것 같은 기분이 드는' 공부법으로 자신감 과잉에 주의

④ 배움의 과정에서 쾌락 물질이 분비된다. 배움을 예상하면 도파민으로 학습 효과 향상

⑤ 과잉 교정 효과: 오류를 깨닫는 것으로 학습 효과 향상

⑥ 뇌에 있어 배움은 본질적으로 '오류'를 수정하는 것

⑦ 뇌과학을 배우는 것으로 성장 마인드셋을 체득해 학습 효과가 향상

⑧ 메타인지 루틴: **공부 전 평가, 브레인 덤프 + 메타인지, 리트리벌 복습 + 메타인지, 학습 저널**

- 초급자: **브레인 덤프 + 메타인지, 리트리벌 + 메타인지**

- 숙달자: **공부 전 평가, 학습 저널**

⑨ **테스트 후 일기**는 효과가 뛰어남

⑩ 내용이 머리에 쏙 들어오는 최강의 독서법 **메타인지 플러스편**

- 읽기 전에는 **목차 평가, 독서 전 일기**

- 당일 독서 직전에는 **스페이싱 + 인터리빙, 리뷰, 독서 전 평가**

- 섹션별로는 **미니 브레인 덤프, 밑줄 긋기**

- 장별로는 **브레인 덤프**

- 그날 독서 직후에는 **미니 브레인 덤프, 독서 후 감상**

격차를 만드는

두뇌 활용법

이번 수업의 최연소 참가자이며 다른 참가자들로부터 찬사를 받는 이수진 학생. 지원 동기 인터뷰를 읽으면 그 또한 특별한 생각으로 이번 수업에 참여한 것을 알 수 있다.

지망자 이름 이수진

Q. 왜 이 수업에 참여하고 싶다고 생각했나요?

어머니로부터 이번 수업을 알게 되었습니다. 고등학교에 진학한 지 얼마 안 되었지만 벌써 대학 입시에 대한 압박이 느껴져요. 어릴 적부터 목표인 의사가 되기 위해서 의대를 지망하고 있습니다. 이번에 효과적인 공부법을 배워서 목표에 다가갈 수 있으면 좋겠습니다.

Q. 이 수업에서 특히 배우고 싶은 것은 무엇인가요?

입시는 자신과의 싸움이라고 생각해요. 지금까지 해왔던 것보다 자습 시간이 많아질 텐데, 묵묵히 배우는 제 모습이 떠오르지 않아요. 뭔가 좋은 공부법이 있으면 꼭 배우고 싶습니다.

Q. 그 외에 하고 싶은 이야기가 있나요?

공부하자고 기운을 낼 수 있었던 것은 여동생 덕분입니다. 동생은 어릴 적 희귀한 난치병을 앓아서 지금까지 입원과 퇴원을 반복했습니다. 학교를 쉬는 날이 많아 공부는 가능한 한 제가 도와주고 있어요. 학년도 별로 차이 나지 않아서 가르친다고는 하지만 사실은 제가 배우는 부분도 있어요. 의료 종사자는 자연스럽게 저희 둘의 꿈이 되었죠.

그러나 제가 고등학교 1학년, 동생이 중학교 3학년이 되자마자 동생이 서로의 공부를 위해 같이 보내는 시간을 줄여야 하지 않냐고 제안했습니다. 그런 동생의 말을 이해할 수 없어서 반론하다 보니 말싸움으로 이어졌어요. 연락도 하지 않고, 병문안도 가지 않은 지 2주 정도 지났을 때였어요. 병원에 달려갔을 때 동생은 이미 눈을 감은 채 말을 걸어도 반응이 없었습니다. 수 주가 지난 지금까지도 의식이 돌아오지 않은 상태예요. 나중에 담당 간호사 선생님께 들었는데, '집에서 멀리 떨어진 병원까지 매일같이 오면 언니 공부에 영향이 있다. 그러니 언니를 위해 냉정하게 마음을 먹겠다'라고 말했다고 합니다.

동생이 빨리 의식을 차렸으면 좋겠어요. 동생과 함께하지 않아서 입시 공부를 할 수 없다고 하기에는 동생에게 미안하죠. 둘의 꿈을 향해 공부를 계속할 거예요. 그리고 동생이 의식을 차리면 공부를 가르쳐 주고 싶어요. 그렇게 마음먹고 수업에 임할 겁니다. 잘 부탁드립니다.

인간의 뇌가 큰 이유

선생님　　자, 5교시입니다! 이 수업도 슬슬 종반부에 돌입했습니다.

혜영　　　선생님, 저희가 한 팀이 되니까 더 의욕이 솟아요. 점심도 같이 먹고 말이죠. 5교시는 어떤 내용일지 기대돼요.

선생님　　혜영 님, 고맙습니다. 사실은 지금 말씀하신 내용이 5교시 주제입니다.

대호　　　팀이 됐다는 거요? "인간은 사회적 동물이다." 아리스토텔 레스의 말이던가?

선생님　　네, 그렇습니다. 인간의 뇌는 사회적인 행동을 하게 되어 있 어요. 그런 의미에서 인간의 뇌는 '사회적 뇌social brain'라고

부르죠. 이번 5교시에선 사회적 뇌를 활용한 공부법을 알아
보기로 하겠습니다. 그룹 학습만이 아닙니다. 혼자서도 할
수 있는 사회적 뇌 사용법에 초점을 맞춰 설명합니다.

수진 사회적 뇌를 활용할 수 있는 공부법이라니 흥미로워요. 그
렇지만, 실제로 주위 사람과 같이 공부하는 것이 꼭 효과적
이라고 할 수는 없을 것 같아요. 저는 다른 사람들과 같이
공부하려고 했는데 어느 순간 입시 공부는 혼자 묵묵히 해
야 한다는 것을 깨달았어요.

선생님 그래요. 확실히 입시 공부처럼 많은 양의 교재를 읽고 문제
집을 풀어야 할 때는 개인전이 될 수밖에 없는 일도 있을 겁
니다. 그러나 **'개인전'이라도 사회적 뇌를 활용할 수 있어요.**
또, 주위 사람들과 학습하는 기회를 필요 이상으로 멀리하
면 뇌가 원하는 최고의 학습 기회를 놓칠 수 있어요. 이것이
의미하는 점을 이번 시간에 자세히 알아보겠습니다.

진우 인간은 대단한 동물이네요. 배우고, 생각하고, 주위와 잘 지
내고, 그래서 뇌도 동물 중에서 가장 큰 거군요.

선생님 예리한 지적입니다. 단, 크기만을 말하면 인간이 가장 큰 것
은 아니에요. 가령 고래의 뇌는 인간의 뇌보다 크죠. 하지만
몸 전체와 비교해 뇌가 차지하는 비율로 말하면 인간이 동
물계에서 가장 큽니다.[1] 왜 그럴까요? 진우 씨가 말대로 인

간은 다양한 일을 할 수 있으므로 그만큼 뇌가 발달해야 합니다. 그런데 놀랍게도 사회성 관련 능력이 뇌의 크기에 가장 큰 영향을 줍니다.

원숭이의 경우 같이 행동하는 무리의 크기가 커질수록 몸에서 뇌가 차지하는 비율이 커집니다.[2] 무리를 이뤄 주위와 잘 지낼 수 있으면 자연 도태의 영향을 덜 받을 수 있지만, 무리가 크면 동료가 많고 무리 속에서 잘 지내기 위해 고도의 사회성 즉, 발달한 뇌가 필요한 거죠.

인간의 뇌가 큰 것은 모두와 사이좋게 지내기 위해서입니다. 이 사고방식을 '사회적 뇌 가설social brain hypothesis'이라고 합니다. 4교시까지는 인간의 뇌가 무리 없이 배울 수 있도록 진화했다는 것을 이야기했습니다. 이를 다르게 해석하면 인간의 뇌는 타인과 무리 없이 배울 수 있게 진화되었다는 것입니다.

협력 기대의 효과를 이용하라

수진　　새로운 것을 배우면 쾌락 물질인 도파민이 분비되어 보수계가 활성화되는데, 여기서도 마찬가지라고 할 수 있나요?

선생님   역시 예리한 고찰입니다. 맞아요. 우리가 다른 사람들과 이야기를 하거나 힘을 모아 무언가를 이뤄내는 등 넓은 의미에서 협력할 때 도파민이 분비되어 보수계가 활성화된다는 것이 확인되었습니다.[3] 뇌에게 타인과의 협력은 배움과 동일한 정도의 쾌락인 거죠.

대호   그럼 호기심과 마찬가지로 협력을 기대하는 것만으로도 도파민이 분비되나요?

선생님   네, 그렇습니다. 누군가와 협력할 수 있다고 기대한 것만으로도 도파민은 분비됩니다.[4] 눈앞에 상대가 있어서 말하고 싶다고 생각하는 것은 뇌의 작용 때문이에요. 그게 다가 아닙니다. 자신이 협력할 상대를 얻었다는 성취감을 느끼는 것만으로도 도파민이 분비되죠.[5] 협력이 또 따른 협력을 불러서 도파민의 분비가 계속 반복되기 시작하는 겁니다. 앞서 말했듯이, 도파민은 기억력 강화에 도움이 된다는 것이 밝혀졌습니다.[6] 즉, 조별 학습이나 토론은 뇌과학적으로 학습 효과가 높은 공부법입니다.

혜영   역시. 사람들과 수다를 떨면 멈출 수 없어요. 게다가 여럿이 말한 것은 오래 지나서까지 사소한 것도 기억나요. 그 사람, 그때 그런 말을 그런 어투로 했다는 식으로요.

수진   저는 혼자 공부하는 것보다 사람들과 공부하는 것을 좋아

해요. 왜 그쪽으로 마음이 쏠리게 됐는지 뇌과학적으로 이
해해서 속 시원해요. 또, 학습 효과가 뇌과학적으로도 높다
고 하니까 같이 공부해 주신 여러분께 고마운 마음이 들어
요. 감사합니다.

거울 뉴런과 멘탈라이징 네트워크

선생님   타인과 협력할 때 상대방이 기분 좋은 상태임을 알게 되면
자신도 기분이 좋아집니다. 이 과정에서 상대방의 뇌의 상
태를 자신의 뇌가 복사합니다. 이를 가능하게 하는 **뇌의 구
조가 거울 뉴런**mirror neuron**입니다. 말 그대로 타인의 뇌에서 일어
나는 것을 거울처럼 비추는 뉴런**입니다.

대호   아, 기억났어요. 누군가 아프다고 느끼는 장면을 보면, 자신
이 아프다고 느꼈을 때 활성화하는 것과 같은 뇌세포가 활
성화한다고.

선생님   네, 누군가 아픈 것을 보면 자신의 뇌도 그 아픔을 느낀다.
이것은 거울 뉴런의 작용입니다. 육체적인 고통뿐 아니라
심리적 보수報酬나 공감, 마음의 아픔 등 타인의 다양한 지각
과 감정도 거울 뉴런에 의해 자신에게 복사된다는 것이 확

인되었습니다.[7]

진우 　상대의 기분은 절대 알 수 없다고 믿었는데, 뇌과학적으로 말하면, 거꾸로 완전히 재현되는군요.

선생님 　'완전한 재현'까지는 아니어도 전혀 상상은 아닌 거죠. 거울 뉴런은 자신과 타인의 기쁨, 슬픔, 통증 등 감정과 지각의 단순한 측면을 이해하는 데 도움을 줍니다.

혜영 　사람에 따라서는 세심하게 배려하고 사소한 기분과 생각까지 살피는 사람도 있잖아요. 그런 것도 거울 뉴런이 만들어 내는 기술일까요?

선생님 　예리한 지적, 멋진 질문입니다. 혜영 님의 말대로 **보다 높은 차원의 감정과 사고를 다루는 것을 멘탈라이징 네트워크**mentalizing network라고 합니다. 상대의 행동으로부터 그 배경에 있는 복잡한 감정과 생각을 이해하거나 반대로 상대의 기분으로부터 행동을 예측하는 것이 이 네트워크의 작용이죠.[8]

진우 　멘탈라이징 네트워크!

대호 　진우 씨, 축하해요! 영어 알레르기 극복했어요.

선생님 　지금 두 분의 대화는 단순하게 들리지만 상당한 멘탈라이즈mentalize의 힘이 발휘되었어요. 진우 씨가 '멘탈라이징 네트워크!'라고 했죠. 대호 님은 그 어조에서 진우 씨가 기뻐하는 것을 알아챘어요. 무엇을 기뻐할까, 지금까지 영어가 나올 때마다 냈던 소리를 이번에는 내지 않으니 영어 알레르기 건이라고 추측한다, 그래서 축하한다고 말한다. 단순한 대화이지만 상대의 기분과 생각을 예측하는 힘이 없으면 성립할 수 없는 대화입니다.

수진   스스로 자신의 기분을 돌아볼 때는요? 누군가와 다툰 후에 왜 그랬을까 자책하는 경우가 있습니다. 저 자신을 잘 모르겠을 때도 제 기분과 생각을 돌아봅니다. 사춘기라서 겪는 현상일까요?

선생님   아뇨, 사춘기에 국한되지는 않습니다. 자신의 기분과 생각을 돌아보는 것은 누구나 일상적으로 하죠. 자기 생각과 기분을 돌아보는 것에 대해서는 이번 시간 후반에 자세히 설명하겠습니다. 한 줄로 요약해 보면 '자신을 알려면 타인을 알아야 한다'입니다. 우리의 일상은 대화와 협력 등 사회적 행동으로 넘쳐납니다. 그 과정에서 상대의 기분에 저절로 공감한다거나 상대의 생각과 기분을 읽어 행동할 수 있는 것은 지금까지 설명한 거울 뉴런과 멘탈라이징 네트워크 덕분입니다.

멘탈라이징 네트워크로 기억력을 높여라

선생님 지금 수진 학생에게서 사춘기라는 키워드가 나왔습니다. 사춘기는 인간의 사회적 뇌가 가장 발달하는 시기로, 거울 뉴런과 멘탈라이징 네트워크도 활발히 활동합니다.[9] 학교야말로 교우 관계와 연애, 성공과 좌절, 다양한 관계성과 감정에 대해 학습할 기회가 넘쳐나는 곳입니다.

그런데 **멘탈라이징 네트워크가 2교시 때 배운 워킹 메모리와 상대적 관계에 있다**는 것이 최근 연구로 밝혀졌습니다.[10] 상대의 기분을 생각하거나 사회적인 활동을 해서 멘탈라이징 네트워크가 활성화할 때는 계산이나 논리적인 사고를 하는 워킹 메모리의 작용이 약해지는 겁니다. 반대로 워킹 메모리의 작용이 활발하면 멘탈라이징 네트워크의 기능이 억제되죠.

대호 공부하려고 학교에 모였는데 정작 모이면 공부하기 어려워진다니, 큰 문제네요.

선생님 여러 학생이 동시에 같은 내용을 배우는 학급 단위의 교육은 학교 성립의 근본이 되죠. 이것은 인류 역사에서 2000년 이상 지속되는, 학교 교육의 핵심입니다.[11] 그러나 '친구랑 놀았으면 공부 모드로 바꿔서 공부에 집중해라'고 하는 등

사교와 공부가 상반되는 것으로 인식시키는 장면도 많죠.

또, 입시 공부로 대표되는 현대의 교육 현장에서는 아이들이 학습해야 할 지식과 기술이 너무나 많습니다. 그런 환경에서 시간을 갖고 학생끼리 대화와 그룹 활동을 할 기회가 점점 사라지고 있죠.[12]

혜영   어떤 의미에서는 합리적이라고 할 수 있어요. 주위에 정신 팔지 말고 공부에 집중하라는 거니까.

선생님   물론 멘탈라이징 네트워크와 워킹 메모리가 상대적 관계이기 때문에 혼자 공부해야 한다는 자연스러운 결론에 이를 수도 있습니다. 그러나 최근 뇌과학 연구에서 공부에 집중할 때도 적당히 사회적 뇌를 사용함으로써 보다 효과적인 학습을 할 수 있다는 것이 밝혀졌습니다. 즉, 양쪽의 장점을 활용해 학습 효과를 이끌어 내야 합니다.

수진   아하, 그렇군요. 멘탈라이징 네트워크와 워킹 메모리의 장점을 활용하면 더 좋은 효과를 얻을 수 있겠네요. 그럼 사회적 뇌를 활용하는 방법이 특히 중요하겠어요.

선생님   그럼 어떻게 해야 사회적 뇌를 활용해 공부할 수 있을까요? 우선 다른 사람들과 쌍방향 소통을 포함한 공부법은 효과적입니다. 그 효과는 과학적으로 확인되었어요.[13]

또, **실제로 다른 사람들과 소통하지 않아도 공부할 때 다른 사**

람을 떠올리거나[14] 다른 사람과의 소통을 상상하는 것만으로도 학습 효과가 올라간다[15]는 것이 확인되었습니다.

혜영   확실히 소설에서 등장인물을 상상하며 읽으면 이해가 잘 되는 기분이 들어요. 특히 세계사나 해외 소설에서 외국어로 인명이 나오면 도중에 누가 누군지 모르는데 구체적인 인물상을 떠올리면 이해하기 쉬워요.

선생님   네, 그렇죠. 1교시에서 **이미지**(p.30)라 불렀던 공부법입니다. 배운 것을 시각화할 수 있으면 학습 효과가 올라가죠. 특히 인물을 학습하는 경우 더욱 효과가 좋습니다. 이것은 인간의 사회적 뇌를 사용한 공부법입니다. 단, 추상적인 개념과 복잡한 수식처럼 시각화할 수 없거나 하기 어려운 경우도 많으니 잘 선택해서 해보세요.

수진   사람들과 배우는 것의 중요성을 절실히 느꼈어요. 실제 소통뿐만 아니라 소통을 상상하는 것만으로도 효과가 올라간다는 것이 특히 놀라워요. 뇌과학적으로 생각하면 앞서 배웠듯이 협력이 도파민을 분비해 보수계를 활성화하기 때문인가요?

선생님   맞아요. 그것도 크게 관계한다고 생각할 수 있죠.[16] 협력이 도파민을 분비해 보수계가 활성화된다. 이 자체로 인간은 협력하게끔 자극을 받죠. 즉, 조별 학습이나 다른 학생과의 소통을 포함하는 것으로 더욱 뇌에 자극을 줄 수 있는 겁니다. 도파민은 기억력을 높인다는 사실, 기억하시죠? 말하자면 '협력의 기분 좋음'이 뇌의 배움을 돕는 거예요.

진우   역시 수진 학생, 정답!

선생님   이것이 다가 아닙니다. 배울 때 다른 사람과 소통하거나 다른 사람의 존재를 상상하며 멘탈라이징 네트워크를 사용하는데, 이 과정이 기억력을 높인다는 것이 확인되었어요. 지금까지는 뇌가 뭔가를 기억할 때 어떤 방법으로 기억했든 전부 같은 뇌의 기능이 사용된다고 여겼습니다. 그래서 다른 사람과 실제로 소통하거나 그 소통을 상상했을 때 하는 기억은 특별했던 거죠.

사람과의 소통이나 상상 속에서 멘탈라이징 네트워크가 활성화되면 평소 이상으로 기억이 빨리 정착됩니다.[17] 그 작용으로 **사람과의 소통을 관련시켜 기억하는 것이 단순히 기억하려고 할 때보다 훨씬 정착하기 쉽습니다.** 이를 다르게 해석하자면 소통 없이 하는 공부는 뇌의 잠재 능력이 완전히 발휘되지 못한다고 할 수 있습니다. 이제부터 공부를 할 때 타인과의 소통을 포함시켜 뇌를 보다 활성화할 수 있도록 노력해 보세요.

배우기보다 가르치는 것이 효과적이다

선생님   사회적 뇌를 사용하는 전통적인 공부법에 **피어 학습**peer learning
         이 있습니다. '피어peer'는 영어로 '동료, 친구'를 의미합니다.
         피어 학습은 공부 친구끼리 서로 가르쳐 주는 것으로 학습 효
         과를 올리는 방법입니다. 배우고, 익숙해지고, 가르친다고
         해서 배운 내용을 다른 사람에게 가르치는 것으로 이해를 다
         지는 공부법입니다.

혜영   저는 친구에게 배우는 쪽으로, 늘 이익을 봤어요. 옛날부터
         우등생 친구들이 이것저것 가르쳐 줘서 미안했죠. 그런데
         지금도 그래요.

선생님   그랬군요. 혜영 님이 이익을 봤다는 것도 사실일 수 있지만
         정말 '이익'을 본 것은 그 우등생 친구들일지 모릅니다. 그
         도 그럴 것이 **피어 학습 시 가르치는 쪽이 더 큰 학습 효과를 기
         대할 수 있다**는 것이 확인되었거든요.[18]
         물론 배우는 사람에게도 효과가 있으므로, 사회적 뇌에 의
         해 타인과 관계를 갖는 것으로 가르치는 사람과 배우는 사
         람 모두에게 학습 효과를 기대할 수 있습니다. 그러나 우리
         가 느끼기에 가르치는 사람은 이미 알고 있는 것을 모르는
         사람에게 가르치는 시간과 수고를 들여야 해서 왠지 손해

본다는 이미지가 있죠. 그러나 사실 학습 효과는 가르치는 쪽이 높습니다.

수진 저는 여동생이 있어요. 사실 동생은 어릴 적부터 난치병을 앓아서 줄곧 병원 신세를 지고 있는데 얼마 전부터 의식을 차리지 못하는 상태예요. 그전까지는 병실에서 동생에게 공부를 가르쳐 주었어요. 동생을 도와주고 싶다는 마음 하나였는데 사실 도움을 받은 것은 저였어요.

진우 그랬구나. 수진 학생에게는 우리가 있잖아요. 이젠 우리는 한 팀이니까. 그렇죠, 여러분.

대호 그럼요. 마음의 거리가 더 가까워졌어요.

혜영 수진 학생, 같이 열심히 해요.

수진 네, 감사합니다. 남은 시간도 열심히 할게요.

1인 맞춤 사회적 뇌 활용법

선생님 수진 학생, 진심으로 동생을 생각하는 마음이 느껴집니다. 여러분 말대로 하나의 팀으로 힘을 합해 열심히 합시다.

피어 학습은 조건이 필요합니다. 효과적이지만 상대가 필요하고, 그 상대가 같은 주제를 공부해야 하죠. 이보다 쉽게 사회적 뇌의 힘을 끌어내는 공부법은 없을까요?

물론 있습니다. 바로 **가르치는 상상** 공부법입니다. 이름 그대로 누군가에게 가르쳐 주는 상상을 하면서 공부하는 방법입니다. 특히 3교시 때도 배운 **브레인 덤프**와 함께 하는 것을 추천합니다. 이 방법으로 **리트리벌**과 협력의 도파민 효과를 모두 활용할 수 있습니다.

진우   **브레인 덤프**는 배운 것을 한 번에 기억해 말로 하는 방법이었잖아요?

선생님   그렇습니다. **브레인 덤프**를 할 때 주제 하나를 정해 그것을 누군가에게 가르치는 상황을 상상해 보세요. 아는 사람이나 떠올리기 쉬운 특정 인물을 상상하세요. 가족이나 친구, 좋아하는 연예인도 좋습니다. 그 사람에게 가르친다 생각하고 선택한 주제를 마음속으로 설명해 보세요. 쓰거나 말할 수 있는 환경이라면 더 큰 효과를 기대할 수 있습니다.

수진   여러 주제를 가르치는 상상을 해도 되나요?

선생님   물론 여유가 있으면 하나의 주제만이 아니라 많은 것을 **가르치는 상상**을 해봐도 좋습니다. 단, 앞에서 말했듯이 배운 것을 **브레인 덤프**하면 그때 떠올리지 못한 것까지 기억으로 정착하기 쉬워집니다. 따라서 모든 것을 **가르치는 상상**을 통해 공부하지 않아도 어느 정도 효과는 기대할 수 있습니다.

혜영　　　**가르치는 상상**을 하고 실제로 가르쳐 봐도 되나요? 남편에게 가르칠 생각으로 배운다거나.

선생님　　네, 그렇습니다. 그렇게 하면 더욱 좋죠. **가르치는 상상**은 손쉽게 **피어 학습**을 할 수 있는 방법입니다. 가족에게 그날 학교에서 공부한 내용을 설명하는 것은 옛날부터 이어 온, 뇌과학적으로도 효과가 증명된 방법입니다.

멘탈라이징 네트워크와 메타인지의 관계

선생님　　여기서 조금 시점을 바꿔 멘탈라이징 네트워크와 메타인지의 관계에 관해 이야기해 볼까요? 멘탈라이징 네트워크는 사람의 복잡한 기분과 생각을 헤아리는 뇌의 기능입니다. 따라서 '타인의 인지에 관한 인지'라고도 할 수 있습니다. 그리고 물론 자신의 기분과 생각에 대해 생각할 때도 멘탈라이징 네트워크가 활약합니다. 그런 의미에서 메타인지, 즉 '자신의 인지에 대한 인지'와 관계가 깊죠.

대호　　　멘탈라이징 네트워크를 단련하면 메타인지가 높아져 배우는 힘이 향상된다는 거군요.

수진　　　멘탈라이즈 능력을 높이면 효과적인 학습으로 이어진다는 건가요?

선생님   맞습니다. 그럼 어떻게 단련해야 할까요? 먼저 4교시에 말한 메타인지 루틴(p.137)을 활용하도록 합시다. 자신의 인지와 적극적으로 마주하는 기회를 얻게 되어 메타인지 능력을 단련할 수 있습니다. 여기에 더해 효과를 볼 수 있는 방법이 타인과의 협력입니다.

혜영   응? 뭔가 이해가 되지 않아요. 그러니까, 자신의 메타인지를 단련한다. 그렇게 하려면 타인과 배우는 것이 좋다? 자신의 기분 문제는 자신이 가장 잘 알잖아요. 자신이 어떻게 생각하는지 스스로 생각하고 싶어요.

선생님   네, 자신의 기분은 자신이 아니면 모르는 것도 있죠. 그것도 진실입니다. 그러나 스스로 생각하는 것만큼 자신을 모르는 것 역시 사실이에요. 앞서 말한 자신감 과잉 문제(p.124)도 그 한 예죠. 이런 실험이 있습니다. 두 종류의 잼을 준비해 피험자가 맛을 본 후 좋아하는 것을 고릅니다. 그리고 다시 맛을 보면서 왜 그 선택을 했는지 말합니다. 단, 두 번째 맛을 보는 데는 비밀이 있어요. 피험자 모르게 선택하지 않은 쪽의 잼을 맛보게 하는 겁니다.

이 실험 결과, 무려 70퍼센트의 사람이 잼이 바뀐 것을 전혀 알아채지 못했어요. 그게 다가 아닙니다. 두 번째 잼이

첫 번째와 다르다는 것을 모른 채 자신이 선택한 이유를 대답했죠.[19] 즉, 자신이 왜 그 의사 결정을 했는지를 무의식적으로 조작해 믿어버린 겁니다.

대호 제 입으로 말하기 그렇지만 저도 모를 것 같아요.

선생님 조금 짓궂은 실험인데, 이것은 자신의 인식에 관한 메타인지가 나약하다는 것을 보여 줍니다. 왜 자신이 그 잼을 선택하게 되었나 하는 인지에 관한 메타인지가 애매하므로 이후에 발생한 상황에 맞춰서 자신의 선택을 정당화해 버렸다고 해석할 수 있습니다.

진우 그렇군요. 저도 저를 모를 때가 자주 있어요.

선생님 네, 자신이 생각하는 만큼 자신을 알지 못하는 경우가 자주 있죠. 연구 결과를 찾을 필요도 없을 겁니다. 반대로, 상대의 인지가 자신을 더 정확히 헤아리는 경우도 많습니다. 우리의 행동은 광고나 뉴스에 의해 영향을 받죠. 우리는 특정 광고나 뉴스가 다른 사람의 행동과 생각에 어떤 영향을 줄 수 있나 하는 평가는 잘하는데, 그것이 자신에게 미치는 영향에 대한 평가는 잘하지 못합니다. 그런 연구 결과도 보고되었어요.[20]

혜영 맞아, 맞아. '판매 1위'라고 하면 우리 남편도 금방 갖고 싶어 하면서도 나중에 이도 저도 아니라고 다른 이유를 들어 정당화해요.

선생님　광고나 뉴스가 다른 사람에게 주는 영향은 의외로 정확히 예측할 수 있지만 정작 자신에 대해서는 그렇지 않은 경우가 많습니다. 전혀 영향이 없다거나 거꾸로 크게 영향을 받았다고 판단해도 실제 행동과는 정반대의 결과가 나타나기도 하죠. 다른 사람에 대해서는 상황을 정확히 지켜보고 심신에 주는 영향을 냉정히 예측할 수 있는데, 자신의 경우는 자신의 기분을 쉽게 알 수 있다는 과신에서 실제 행동을 얕보는 경향이 있어요.

수진　이렇게 알려 주시니 애매했던 것이 확실해졌어요.

선생님　수진 학생 고마워요. **일련의 연구 결과로 커뮤니케이션이 최고의 멘탈라이징 트레이닝이란 것을 알 수 있습니다.** 말이나 행동으로 상대의 기분을 미루어 헤아리고, 상대의 기분에 대해 자신이 말하고 싶은 것을 생각하고, 그것을 어떻게 전달하는 것이 최선인지 상대의 기분과 생각을 염두에 두면서 생각한다. 이 흐름 속에서 멘탈라이징 네트워크 기능이 작용합니다.

자신의 기분을 의식적으로 돌아보거나 상대의 기분을 살피며 시행착오를 거듭하는 중에 멘탈라이징 네트워크 능력이 높아집니다. 실제로 최근 심리학 연구에서도 커뮤니케이션

을 통해 멘탈라이징 네트워크와 메타인지가 향상한다는 것
이 확인되었습니다.[21]

경쟁은 지속적인 동기 부여가 될 수 없다

수진   선생님, 사람들과 협력하면서 학습하는 것이 효과적이라는
것은 알겠어요. 사회적 뇌 때문이죠. 학교에서는 개인에 의
한 공부법이 우선되는 경향이 있는데, 이런 효과를 근거로
협력 학습이 이루어졌으면 좋겠어요. 그런데 학교에서 등급
과 등수 같은 성적이 빠질 수 없잖아요. 성적으로 경쟁자와
경쟁하는 것은 효과적인가요?

진우   그렇지. 경쟁심이 의욕에 불을 붙이죠.

선생님   다른 학생들에게 지지 않는 좋은 점수를 받고 싶다, 높은 등
급과 좋은 등수를 받고 싶으니 공부해야 한다. 이런 식으로
주위 경쟁자와 비교해 공부할 자극제로 삼는 경우가 종종
있죠. 우리나라의 입시 경쟁에 국한된 현상은 아닙니다. 이
와 다르게 지식과 기술을 습득하는 것 자체에 의한 동기 부
여도 있어요.

미적분은 어렵지만 잘하고 싶으니 문제집을 풀어 보자. 미

적분을 배우는 것으로 다른 학생과 차이를 두고 싶은 것이 아니라 순수하게 지적 호기심에서 잘하고 싶은 욕구죠. 비교에 의한 동기 부여와 습득에 의한 동기 부여. 어느 쪽이 강할까요?

혜영 　경쟁이라고 생각하지만, 뉘앙스를 봤을 때 습득?

선생님 　네, 실제로 어느 쪽의 동기 부여가 더 강한지 조사한 연구가 여러 개 있습니다.[22] 그 가운데서 하나를 소개하죠.

학생들을 두 그룹으로 나눈 다음 각각 문제를 풀게 합니다. 문제에 대해 〈그룹1〉에는 '능력을 키우기 위한 연습 문제'라고 설명합니다(습득에 의한 동기 부여). 〈그룹2〉에는 '다른 학생과 학습 진도를 비교하기 위한 것'이라고 전달합니다(비교에 의한 동기 부여). 그런 다음 문제를 풀게 한 후 예고 없이 시험을 진행했습니다. 자, 결과는……? 〈그룹2〉가 〈그룹1〉보다 점수가 높았어요.

그런데 이 실험은 이것이 끝이 아닙니다. 문제를 푼 날로부터 일주일 후에 다시 테스트를 하자 〈그룹1〉이 〈그룹2〉보다 점수가 높았습니다. 즉, 배운 내용이 더 오래 기억에 남아 있는 것은 습득을 위해 자극을 받은 경우라고 할 수 있습니다. 비교에 의한 동기 부여만으로는 학습 효과가 오래 가지 않는 것이죠. 그게 다가 아닙니다. 성적과 순위에 의한 동기 부여는 장기적으로 몸과 마음에 악영향을 줍니다.

이것은 공부뿐 아니라 비즈니스도 마찬가지입니다. 돈이나 지위 등의 외발적인 자극은 장기적으로 보면 정신과 건강을 좀먹게 되죠. 이것은 다음 6교시 때 동기 부여에 대해 말하면서 자세히 알아봅시다.

진우   저는 경쟁이 오히려 장기적으로 봤을 때 필수적 요소라고 생각했는데, 오히려 그렇지만도 않군요.

선생님   네, 그렇습니다. 아까 수진 학생이 말한 질문의 본질로 돌아가 보면, '협력과 경쟁, 어느 쪽이 배움에 좋을까?'라는 질문을 만들 수 있습니다. 최근의 뇌과학이 그 질문에 대답해 줍니다. 협력도 경쟁도 멘탈라이징 네트워크를 최대한 활용합니다. 양쪽 모두 상대의 기분과 생각을 미루어 헤아리는 것이 중요하죠.

또한, 협력은 보수계를 더 강하게 활성화하고, 경쟁은 뇌의 추론 기능을 강하게 활성화한다는 것이 밝혀졌습니다.[23] 실제로 장기적으로 보면 협력은 경쟁보다 실적과 동기 부여 모두 높은 상태로 유지할 수 있습니다.

수진의 스마트폰 진동음이 울린다. 자리를 뜬 수진 뒤에서 무미건조하게 닫히는 문소리가 교실의 정적을 더욱 실감 나게 한다. 모두 미리

짜기라도 한 듯 아무 말 없이 시선을 마주치지 않는다. 그때 수진이 돌아온다. 멍하니 넋이 나간 모습이다.

진우   수진 학생. 왜……. 무슨 일이에요?

수진   괜찮아요. 방금 전화가 왔는데, 동생이 의식을 차렸대요. 2시
       간 전에 눈을 떠서 조금씩 말하기 시작하고, 의식도 기억도
       일단은 문제없다고 해요. 꽤 안정된 상태래요. 후유증도 있
       을 수 있어서 자세히 진단한 후에 재활할 것 같아요. 아버지
       가 차로 6교시 끝날 즈음에 저를 데리러 오신대요.

혜영   정말 잘 됐어요. 앞으로의 경과도 중요하지만 일단 의식이
       돌아와서 정말 다행이에요!

대호   수진 학생, 일단 축하해요.

선생님 축하합니다, 수진 학생. 앞으로도 여동생과 가족이 잘 지내
       기를 바랄게요.

5교시 핵심 정리

① 인간의 뇌는 사회적 뇌. 주위와 협력하기 위해 커다란 뇌를 갖고 있다.

② 협력 학습으로 도파민이 분비, 보수계가 활성화된다.

③ 타인과의 협력을 기대하는 것만으로도 충분하다. 협력이 협력을 불러 학습 효과가 더욱 향상된다.

④ 거울 뉴런과 멘탈라이징 네트워크가 사회적 뇌의 열쇠. 상대의 기분을 복사하거나 미루어 헤아린다.

⑤ 멘탈라이징 네트워크와 워킹 메모리는 상대적 관계이다.

⑥ **피어 학습**은 멘탈라이징 네트워크를 활용해 학습 효과를 상승시킨다.

⑦ **이미지**로 학습할 때는 다른 사람을 관련시키면 기억 효과 상승한다.

⑧ 배우기보다 가르치는 것이 학습 효과가 높다.

⑨ **브레인 덤프**와 멘탈라이징의 복합 기술인 **가르치는 상상**은 혼자서도 가능한 효과적인 공부법이다.

⑩ 멘탈라이징 네트워크를 트레이닝하면 메타인지가 높아진다.

⑪ 타인과의 비교로는 장기적인 동기 부여나 학습 효과를 바랄 수 없다.

⑫ 장기적으로 봤을 때 뇌에는 경쟁보다 협력이 좋다.

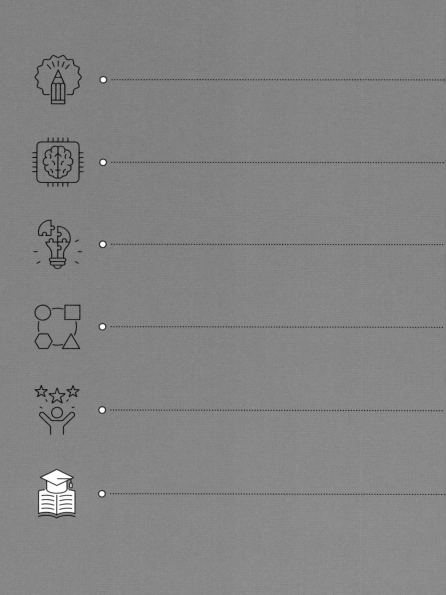

6교시

공부를 위한

마인드셋

이번 수업도 끝이 보인다. 동기 부여와 목표, 예정 관리에 대해 다루는 6교시. 완전한 하나의 팀이 된 참가자들. 각각 개성 넘치는 4명 가운데 마지막을 장식하는 김대호 참여자도 멋진 참가 동기 인터뷰 기록을 남겼다.

지망자 이름 김대호

Q. 왜 이 수업에 참여하고 싶다고 생각했나요?

반년 전 퇴직하고 현재 시니어 창업을 계획 중입니다. 퇴직 후에는 좋아하는 일을 하며 지내자고 결심했죠. 그런데 막상 퇴직하니 공허한 기분이 들더군요. 보다 못한 아내의 권유로 학원에도 가봤지만 오래가지 못했어요. 적당한 자격증 취득을 목표로 하기도 하고, 자신에게 상을 주는 등 할 수 있는 것 전부 해봤습니다. 아내에게는 고맙지만 등 떠밀려 하는 기분을 씻을 수 없었어요. 그런 상황에 추석 맞이 고향을 찾았습니다. 고향의 젊은이들이 자치 단체를 만들어 '고향 활성화'에 적극적으로 나선다는 말을 들었어요. 저와는 상관없는 일이라 생각했는데, 참석한 모임에서 젊은 친구들로부터 열정 넘치는 이야기를 듣다 보니 제 가슴에도 열정이 끓어올랐습니다.

결국 아내를 설득해 고향으로 이사했고, 그곳의 NGO에서 고향 활성화 사업을 돕게 되었습니다. 이제 어느 정도 비법도 터득한 터라 창업하려고 합니다. 고향의 매력을 해외에 알리는 일이죠. 관청과의 커뮤니케이션은 자신 있는데 비즈니스나 마케팅 노하우 등 배울 것이 많습니다. 젊은 시절로 돌아간 느낌으로 공부하고 있지만 나이는 역시 이길 수 없어요. 이해했다고 생각한 순간, 금방 잊어버리죠. 과학의 힘을 빌려 효과적인 공부법을 배우는 수밖에 없다고 생각했습니다.

Q. 이 수업에서 특히 배우고 싶은 것이 있나요?
현재 창업 프로젝트에 충분한 열의를 갖고 있다고 자부하는데, 가끔 기분이 꺾이거나 불안해질 때가 있습니다. 저와 비슷한 연령대의 사람도 쉽게 실천할 수 있는 멘탈 관리법을 가르쳐 주세요.

Q. 그 외에 하고 싶은 이야기가 있나요?
젊은 분들도 참가하겠죠? 제가 질문이 많아도 부디 잘 부탁드립니다.

학습 목표

- ☐ 마음의 3대 욕구를 말할 수 있다.
- ☐ 외발적 동기 부여와 내발적 동기 부여의 차이를 말할 수 있다.
- ☐ SMART 목표와 ARC 목표의 차이점을 설명할 수 있다.
- ☐ 기록의 장점에 관해서 설명할 수 있다.

마음의 3대 욕구

선생님 드디어 마지막 6교시가 되었습니다. 쉬지 않고 배우기 위해서는 의욕과 끈기가 필요하죠. 우리의 동기 부여에 대해 배워 봅시다.

혜영 기다렸어요! 선생님, 우리 남편은 무슨 일만 있으면 바로 의욕을 잃어서 걱정이에요. 마음 저 밑바닥부터 불이 붙는 방법을 알려 주세요!

대호 억울하지만, 사실입니다. 잘 부탁드립니다.

진우 뭔지 알겠어요. 같이 열심히 해요.

선생님 알겠습니다. 동기 부여에 대해서 살펴보죠. 20세기 말부터 고조된 심리학 이론에 '자기결정이론自己決定理論'이란 것이 있습니다. 인간의 마음에는 3가지 근본적인 욕구가 있고 그것들이 의욕을 만들어 낸다는 것인데,[1] 그게 무엇일까요?

수진   하나는 타인과의 관계 아닐까요? 5교시에 사회적 뇌 이야기를 통해 얼마나 협력이 중요한지 배웠잖아요.

선생님   네, 맞습니다. 근본적인 욕구 중 첫째는 '관계성relatedness'입니다. 누군가의 힘이 된다거나 다른 사람과 협력한다는 것이 동기 부여로 이어지죠. 특히 협력하거나 협력을 예상하면 뇌의 보수계가 활성화됩니다.

대호   타인과의 관계는 인간의 근본적인 욕구로 뇌에 있는 거군요. 그렇다면 오늘 수업 내용으로 봤을 때, 배우는 것도 동기 부여의 3대 요소에 들어가나요?

선생님   네, 좋은 지적입니다. 즉 무언가를 습득해서 새로운 능력을 익힐 수 있다는 감각, '유능성competency'이 두 번째 요소입니다. 어려운 문제를 풀었다거나, 퍼즐을 맞췄다거나, 예상도 못 한 것을 알아냈다는 감각과 그것을 얻기 위한 욕구가 동기 부여의 근본에 있는 것이죠. 배움과 도파민과 보수계의 이야기도 했습니다. 유능성에 대한 욕구도 우리 뇌의 구조에 새겨져 있습니다. 마지막 하나는 무엇일까요?

진우   음, 막연한 생각이지만, 공부를 시켜서 억지로 할 때는 의욕이 나질 않아요. 이것과 연관이 있지 않을까요?

선생님 아주 좋은 의견입니다. 억지로 하는 것은 의욕이 솟지 않죠. 자신이 바라는 것을 하고 싶고 마음에서 우러나 주체성과 자발성을 느끼고 싶다. 이것의 마음의 3대 욕구 중 마지막 요소인 '자율성autonomy'입니다.

혜영 진우 씨, 오늘 하루 동안 한층 성장한 것 같아요.

선생님 관계성, 유능성과 마찬가지로 자율성 또한 인간의 근본적인 욕구라는 것이 뇌과학적으로 확실시되고 있어요.[2] 스스로 선택해서 하고 있다고 느낄 수 있는 것이 동기 부여의 근본에 있는 겁니다.

　　　자율성은 자발성이나 주체성을 의미하지, 제멋대로나 전혀 제한이 없는 자유라는 의미는 아닙니다.[3] 주체성을 갖고 주위와 협력하거나 자발성을 갖고 규칙을 따른다. 즉 '주체성과 자발성'은 '자유와 제멋대로'와는 전혀 다른 개념입니다. 확실히 구별해서 이해합시다.

혜영 맞아요. 요즘에 주체적인 교육이라는 말을 자주 하잖아요. '아이들이 자기 뜻대로 자유롭게 해야 한다'는 말로 인식했어요. 조금 위화감이 있었는데 그게 아니네요.

선생님 네, 그렇습니다. 다음으로 **주체성과 자발성은 '독립성'과도 다른 개념**입니다. 주체적 또는 자발적이라고 해서 꼭 혼자서만 해야 하는 것은 아닙니다. 자신이 원해서 사람의 도움을 받거나 주위와 협력해 자신이 하고 싶은 것을 주체적으로 이뤄낼 수 있죠.

대호 이렇게 비슷한 개념의 말들을 비교하니까 더 이해가 잘 됩니다. 감사합니다.

보상은 오히려 의욕 상실을 부른다

선생님 조금 전 진우 씨의 힌트를 토대로 여러분은 자율성까지 도출했습니다. 그 힌트란 '시켜서 억지로 할 때는 의욕이 나지 않는다'였죠.

'시켜서 한다'와 '스스로 한다'에 각각 일치하는 용어가 '외발적 동기 부여'와 '내발적 동기 부여'입니다. 어떤 행동에 대해 내발적 동기 부여를 한다는 것은 그 행동을 하는 것 자체에 동기 부여되는 상태를 가리키죠. 그에 비해 외발적 동기 부여는 어떤 행동을 함으로써 얻을 수 있는 돈, 지위, 그 외 보수나 피할 수 있는 벌칙에 의한 동기 부여입니다.

즉, 내발적 동기 부여는 보수나 벌칙이 없어도 하고 싶으니까 하는 것이고, 외발적 동기 부여는 보상을 노리거나 벌을 피

대호 　하기 위함이라는 외부적인 요인이 동기를 부여하는 겁니다. 루빅스 큐브 맞추기에 빠졌다. 맞추는 과정 자체가 즐겁다. 이것은 내발적 동기 부여인가요?

선생님 　네, 그렇습니다. 용돈을 받을 수 있는 것도 아니다, 어쩌면 오랜 시간 큐브 맞추기에 빠져 부모님이나 선생님께 혼날 수도 있다, 그런 보수나 벌칙에 상관없이 하고 싶다. 반면에 '용돈을 받을 수 있으니까 한다' '야단맞으니까 한다'는 외발적 동기 부여입니다. 돈을 위해서, 벌을 피하고 위한 동기 부여이므로 보수나 벌에 '조종당한다' '움직인다'고 해석할 수 있죠.

진우 　저는 재취업에 성공하기 위해 잘하지 못하는 공부를 극복하려는 것이니까 외발적 동기 부여파라고 생각해요. 돈과 출세가 없으면 공부는 하지 않아도 된다고 생각합니다. 즉, 돈과 출세에 조종당한다. 그렇다면 저는 '억지로' 하는 게 되는 건가요?

선생님 　그렇다면 6교시 내용이 중요하겠군요. 자기결정이론과 관련한 심리학 연구에서 우리가 가져야 할 동기 부여는 내발적 동기 부여라는 사실이 밝혀졌습니다.

진우 　그럼 저는 어떻게 해야 하죠?

선생님 　외발적 동기 부여는 현대 사회에서는 흔히 있기 마련입니다.

그러나 외발적 동기 부여는 내발적 동기 부여를 망가뜨릴 수 있습니다. 대호 님의 루빅스 큐브 예시를 볼까요? 너무 재미있어 몇 시간이나 합니다. 그때 '10분 이내에 맞추면 10만 원'이라고 외발적 보수를 내보이는 사람이 나타났습니다. 그러자 큐브를 맞추는 것에 대한 내발적 동기 부여가 저하됩니다. 금전 보수에 대한 외발적 동기 부여가 없으면 하고 싶지 않게 된다는 이 현상은 20세기 후반에 발견되어 자기 결정이론이 붐을 이루게 된 계기가 되었습니다.[4]

수진   외발적 동기 부여에 눈이 멀지 않도록 항상 내발적 동기 부여를 유지해야 겠네요.

돈과 지위를 추구하기 전에 알아 둘 것

선생님   네. 내발적 동기 부여를 추구하고 외발적 동기 부여는 항상 의식해서 멀리한다. 단순한 동기 부여 조절법입니다. 그런데 머리로는 이해가 되지만 어딘가 허울 좋은 말처럼 들리지 않나요?

진우   선생님, 솔직히 저는 그래요. 마음에서 우러나는 내발적 동기 부여가 좋다는 것은 알겠지만 돈이나 지위를 추구하는 외발적 동기 부여가 역시 강력하지 않을까 생각해요. 죄송합니다.

혜영　진우 씨, 괜찮아요. 나도 그렇게 생각해요. 솔직히 말해 줘서 고마워요.

선생님　네. 그렇게 생각하는 것도 자연스러운 겁니다. 실제로 보수나 벌칙에 의한 동기 부여는 단기적으로는 내발적 동기 부여를 능가할 때도 있어요. 그러나 장기적인 시점에서 봤을 때는 다릅니다. 외발적 동기 부여에 의존하면 몸과 마음에 큰 악영향을 미칩니다.

가령 돈에 의한 경제적인 동기 부여가 강한 사람은 행복감과 자존감이 낮아서 우울감과 불안감을 느끼기 쉽습니다.[5] 사회적 지위와 번듯한 외양만 추구하는 경우도 마찬가지입니다. 정신적인 측면 말고도 두통과 어깨 결림 같은 건강에 영향이 나타나고 친구, 연애, 가족 등의 인간관계에도 문제가 나타납니다.[6]

특히 고등학생[7]과 대학생[8]은 외발적 동기 부여가 강하면 담배, 술, 약물에 의존할 위험이 크므로 주의가 필요합니다. 또, 외발적 동기 부여에 기반을 둔 목표를 달성했어도 더 행복해질 수 있는 것은 아니라는 연구 결과도 많습니다.[9]

대조적으로, 내발적 동기 부여를 실현할 때 행복도가 높게 나타납니다. 즉, 외발적 동기 부여로 추구했던 돈과 지위를 실현해도 기대했던 것처럼 행복해지는 것은 아닙니다. 고액의 보수를 받는 기업 변호사와 비교적 급여가 낮은 인권 변호사를 비교한 조사에서 전자가 행복도가 낮고 알코올 의존에 빠질 위험성이 높다는 보고도 있어요.[10]

대호   바라던 바를 달성해도 외발적 동기 부여는 손해군요.

선생님   이렇다는 것을 어렴풋이 알아도 현대 사회에서는 외발적 동기 부여를 피하기 매우 어려운 것도 사실입니다. 그렇지만 우리는 내발적 동기 부여를 의식하고 유지하려는 마음, 습관을 다져야 합니다. 그 습관을 구축하기 위한 힌트를 이번 시간에 알아보겠습니다.

목표 설정의 기본, SMART 목표

선생님   내발적 동기 부여를 유지하려면 어떻게 해야 할까요? 마음의 3대 욕구인 관계성, 유능성, 자율성을 충족시키는 것이 중요하죠. 핵심은 자신의 목표를 돌아보는 것입니다. 물론 단순히 돌아보기만 해서는 안 됩니다. 효과적인 방법을 설명하죠. 먼저, 여러분에게 질문을 드리겠습니다.

첫째, 어떤 동기 부여로 공부를 하나요?

둘째, 현재의 목표는 무엇입니까?

수진 일단은 대학 입시에서 의대에 합격하는 거예요.

진우 혹시 이거 'SMART 목표'인가요? 구체적으로 측정 가능, 그리고 뭐였더라?

대호 맞아요, SMART 목표예요. 나도 최근에 했어요. **'S'는 'specific'으로, 구체적**이라는 거였고. **'M'은 'measurable'로 측정 가능, 목표 달성 여부를 알고 도달 상태를 수치화할 수 있는가**예요. 그리고 **'A'는 'achievable'로, 달성 가능성**이에요. 비현실적인 목표로는 의미가 없다는 거죠. **'R'은 'relevant'로 관련성 있는 목표**를 말해요. 회사 업무 목표에 자신의 취미에 관한 목표를 세워도 도움이 되지 않는다는 말이죠. 그리고 마지막 **'T'는 'Time-bound'로 시간 의식을 갖고 목표를 설정**한다. 언제까지나 미달성이라는 사태를 피한다. 어때요?

혜영 대단해! 다시 봤어. 그런데 당신의 목표는 뭐예요?

대호 아, 고향의 관광업 활성화를 위한 시니어 창업. 3년 후에는 연간 10만 명으로 고향을 찾는 관광객 수를 늘리는 게 나의 SMART 목표야.

혜영 SMART 목표는 오늘 처음 들어봤지만, 이제부터라도 잘 기억해야겠어요.

선생님   네, 진우 씨와 대호 님의 설명대로 SMART 목표는 수많은 목표 설정법 중 하나입니다. 그 외에 비슷한 방법들이 있지만 주요 핵심은 같습니다. 구체적으로 수치화해서 목표 달성까지의 여정을 시각화합니다. 예를 들어 '좋은 성적을 올린다'는 추상적이라서 도달 지점이 애매합니다. 그래서 예정과 목표에 이르기까지 자신의 역할이나 여정도 구체화하기 어렵죠. 반면에 '다음 영어 시험 점수를 20점 올린다' '매출을 다음 달부터 10퍼센트 올린다'와 같은 목표가 있으면 각각 'ㅇㅇ문제집 2장을 반복해 푼다' '고객 수를 매주 10퍼센트씩 늘려 매출을 매주 3퍼센트 올린다'하고 구체적인 방안을 그리기 쉽습니다.

또, 이렇게 목표를 수치화하거나 구체화하면 방향성을 명확히 시각화할 수 있어 자율성을 얻기 쉬워집니다. 또한 결과가 확실해지므로 목표를 달성했을 때 유능성으로 이어지죠. 그런 의미에서 내발적 동기 부여에 도움이 됩니다.

진우   그럼 SMART 목표는 완벽한 거네요?

선생님   아쉽지만 'SMART 목표' 같은 도구에는 근본적인 문제가 있습니다. 그게 무엇일까요?

수진   지금까지의 흐름으로 보아, 외발적 동기 부여를 유발한다는 것 아닐까요?

선생님 수진 학생, 6교시에도 예리하네요. 목표를 수치화하려고 하면 어쩔 수 없이 점수나 금액 등의 외발적인 요인을 찾게 됩니다. 현대에 사는 우리에게 요구되는 기술 중 하나라고 할 수 있어요. 수치화와 구체화는 현대 사회의 구조와 떼려야 뗄 수 없죠. 그러나 그렇게 해서 세운 목표는 명확하기는 해도 외발적 보수에 의해 우리의 내발적 동기 부여를 파괴할 수 있습니다. SMART 목표는 편리하고 중요한 도구이지만 그것에만 의존하면 우리를 본래의 내발적 동기 부여에서 멀어지게 만듭니다. 애당초 왜 자신이 그 목표에 의욕을 갖는지를 잊어버린 채 숫자나 구체적인 성과만 좇으면 결국에는 외발적 동기 부여만 남습니다. 외발적 동기 부여로는 위험 요소를 등에 질 수밖에 없어요.

ARC로 원하는 목표를 세우는 방법

선생님 그럼 어떻게 해야 목표를 달성하는 과정에서 외발적 동기 부여를 유발하지 않고 내발적 동기 부여를 유지할 수 있을까요? 우선, 현재 자신이 세운 목표를 확인합시다. 학교와 회사에서 주어진 것이든 스스로 정한 것이든 상관없습니다. 그리고 SMART 목표 등의 도구를 사용해 구체적이고 수치화된 목표를 세웁니다. 그런 다음에 마음의 3대 욕구를 근거로 왜 그 목표를 달성하고 싶은지, 달성하는 것으로 3대 욕구가 어떻게 충족될지 자신에게 물어보세요.

* 자율성(autonomy): ① 자신의 의사다 ② 자신 이외의 무언가에 마음이 움직이지 않는다 ③ 외발적인 요인이 없다 등
* 관계성(relatedness): ① 사람들과의 관계성을 넓힌다 ② 인맥이 넓어진다 ③ 사회에 공헌한다 ④ 협동할 수 있다 등
* 유능성(competency): ① 자신의 능력이 향상된다 ② 새로운 기술과 지식을 습득한다 등

여기서 생각한 것을 토대로, 목표를 다시 말해 보세요. 수치화와 구체성은 신경 쓸 필요 없습니다. 그렇게 해서 바꿔 말한 목표는 마음의 3대 욕구의 대문자 'A' 'R' 'C'를 따서 'ARC 목표'라고 합니다.

'ARC'는 원호圓弧, 즉 아치형이란 뜻입니다. 우리의 인생을 아치처럼 덮는 커다란 목표라는 이미지죠. 실제로 같은 내용의 목표라도 ARC에 틀을 맞추면 내발적 동기 부여로 이

어진다는 것이 확인되었습니다.[11]

대호 ARC는 뇌과학적으로 우리 뇌가 원하는 것이기 때문에 우리의 목표도 거기에 맞춰 다시 세운다는 거군요. 왠지 유치한 것을 말해선 안 된다고 생각했는데 뇌가 그걸 원한다는 것을 알았으니까 과감히 그쪽으로 갈 수 있겠어요.

선생님 또, ARC에 틀을 맞춤으로써 왜 자신이 그 목표를 향하고 있는지 돌아볼 수 있습니다. 이렇게 돌아보는 행위에는 인생에 목적이 있음을 강하게 의식하는 효과도 있어요.[12]

목표는 거기에 도달하기 위해서만 존재하는 것이 아닙니다. 목표와 마주함으로써 내발적 동기 부여가 강해지죠. 바로 거기에 목표를 설정하는 본래의 의의가 있다고 할 수 있어요. 지금까지 ARC에 대해 말한 것을 참고로, 여러분의 ARC 목표가 어떤 것이 될지 생각해 보세요.

수진 '의대에 입학'하는 것이 SMART 목표에 가깝다고 생각하는데, ARC는 '의사가 되어 사회에 공헌하고, 여동생처럼 난치병을 앓는 사람들을 돕고, 물론 여동생도 돕는다'입니다.

선생님 네. '관계성'과 의료의 '능력' 그리고 자신의 '의사'까지, 돈과 지위 같은 외발적인 요인이 아니란 것을 알겠어요.

대호 저는 '시니어 창업을 통해 3년 후에는 고향을 찾는 관광객 수를 연간 10만 명 달성!'이 '제2의 인생에서 멈추지 않고

창업한다. 고향에 공헌함으로써 자신의 인생과 그 기점이 된 고향과 마주한다'입니다.

진우   저는 '올해 안에 일자리를 찾는다'로, '확실히 돈을 벌어서 가족에게 걱정 끼치지 않고, 새로운 기술과 지식을 습득해 다시 태어난다'입니다. 너무 그럴듯한가요? 자, 오늘의 중심 이신 혜영 님!

혜영   어머, 왜 이래요! 제 목표는 '기술을 익혀 남편과 함께 시니 어 인생을 즐긴다'예요.

선생님   여러분 감사합니다! 각자 ARC 목표를 확인해 보았습니다. 이 와 같이 동기 부여가 꾸준히 유지되기 위하여 목표는 SMART 와 ARC를 모두 고려해야 합니다.

동기 부여 컨트롤 비법

진우   선생님, SMART 목표와 ARC 목표를 설정한다고 끝나는 게 아니죠?

선생님   물론입니다. SMART 목표와 ARC 목표를 세웠다면 그때부 터가 진정한 시작입니다. 2가지 목표를 활용하지 않을 수 없죠. **처음에 SMART 목표를 토대로 단기 목표와 스케줄을 만**

둡시다. 일명 SMART 스케줄 작성입니다.

우선, 최종 SMART 목표에 도달하기 위해 어떤 여정을 거칠 것인지 시각화할 수 있도록 수일 혹은 일주일마다 달성해야 할 것을 구체적으로 써서 단기 목표를 세우세요. '다음 달 매출 10퍼센트 올리기'라면 '일주일마다 매출 2~3퍼센트 올리기'를 단기 목표로 설정합니다. 그리고 단기 목표 달성을 위해 어떤 전략을 세울지, '방문처를 10퍼센트 늘린다'와 같은 방법을 생각하는 겁니다.

이때 주의해야 할 것은 단기 목표 자체도 SMART 목표의 콘셉트에 따라 구체적이고 측정 가능한 것으로 해야 합니다. 그렇게 해서 완성된 단기 SMART 목표와 전략을 목표 달성까지의 과정에 나열하면 여러분의 스케줄이 완성되죠.

혜영　아하, 알기 쉽네요. SMART 목표로 만든 SMART 스케줄이군요. 그런데 ARC 목표는 어떻게 하나요?

선생님　네, ARC 목표는 SMART 목표 스케줄을 소화할 때 사용합니다. 4교시 때 메타인지 공부법의 하나로 **학습 일기**를 배웠죠(p.137). 하루를 마감하면서 학습 일기를 쓰는 겁니다.

　　두 번째로, **며칠 혹은 매주마다 단기 SMART 목표의 기한이 됐을 때 학습 일기를 확장해서 다음과 같은 자기 점검을 실행하세요.**

학습 일기를 활용한 자기 점검 방법

그날의 학습 일기를 기록한 후에 **SMART** 스케줄을 보면서 약 10분 동안 다음의 질문에 답해 보세요. 취침 전에 하는 것을 권합니다. 학습 일기와 마찬가지로 문장으로 기록합니다. 솔직하게 쓰되, 잘 쓰려고 노력하지 않아도 됩니다. 어디까지나 혼자서 목표를 돌아보는 것이 목적입니다.

① 이번 단기 SMART 목표는 얼마나 달성했나?
② 전체 일정과 SMART 목표 설정에 재확인이 필요한가? 필요하다면 어떻게 조정할까?
  • 지난번 자기 점검이 있다면 확인해 본다.
  • 자신의 ARC 목표에 얼마나 가까워졌나?

대호　　그렇군요. 구체적이고 수치화된 SMART 목표뿐 아니라 ARC 목표를 정기적으로 돌아봄으로써 내발적 동기 부여를 유지하는 것이군요. 수치 목표만으로는 외발적 동기 부여에 꺾여 버리니까요. 정신을 차리면 숫자에만 매달려 괴로워할 뿐인 경우가 자주 있죠.

선생님　네, 정기적으로 자신의 출발점인 내발적 동기 부여로 되돌아가는 습관을 갖는 것이 필요합니다. 내발적 동기 부여를 유지할 뿐만 아니라 힘들 때 미래를 확인하고 앞으로 나가는 힘을 얻을 수 있습니다.

기록의 힘

수진   조금 전에도 '기록'이 나왔는데, 저는 일기 쓰기를 좋아해서 꼭 시도해 볼 거예요.

선생님   고맙습니다. 수진 학생이라면 분명 지속할 수 있을 거예요. 자, 지금까지 동기 부여에 대해 수많은 강의를 했을 때, ARC 나 SMART를 말해도 결국 도착지는 '기록' 즉, 단순한 일기 가 아니냐 하는 반응도 있었습니다. 그래서 이번 시간을 마무리하면서 최신 과학에서 보여준 기록의 놀라운 효과에 대해 설명하겠습니다. 사실 일기 쓰기는 정신적, 신체적으로 좋은 효과를 내는 최고의 도구입니다.

진우   솔직히 일기 쓰기는 귀찮아서 계속할 수 있을지 자신이 없었어요. 그래도 의욕이 생겼습니다.

선생님   그렇게 말해 주시니 고맙습니다. 그럼 왜 최고의 도구인지 구체적으로 설명하죠. 먼저, 기록은 이전부터 심리 요법 수단 중 하나로 사용되었습니다.[13] 걱정거리나 고민이 주는 부정적인 기분을 언어화해서 기록함으로써 마음의 건강을 유지합니다. 이런 효과가 있다는 것이 최근 들어 뇌과학에서도 실증되었어요.[14]

학습 일기와 **자기 점검**으로 공부와 목표를 돌아봄으로써 힘들고 어려운 상황과 마주하는 힘을 얻을 수 있는 겁니다. 심리적인 효과만이 아니에요. 최근에는 기록으로 워킹 메모리도 활성화된다는 것이 밝혀졌어요.[15] 의문점을 가진 채 공부를 시작해도 마음 어딘가에 그것이 남아 있죠. 이때 그 의문을 일시적으로 저장하는 워킹 메모리가 사용됩니다. 그러나 기록으로 의문점을 마주하면 그 이후 워킹 메모리를 소비할 필요가 없어지죠. 또, 기록이 몸의 건강과도 연결되어 있다는 것이 밝혀졌습니다. 다음날 예정을 정리하고 잠들면 수면의 질이 높아집니다.[16] 내일의 학습 예정을 시각화하는 것으로 불안과 고민이 누그러져서 몸과 뇌가 쉴 수 있습니다. 이상으로 오늘의 수업을 마칩니다. 오랜 시간 함께 해주셔서 감사합니다. 지금까지 많은 공부법과 그것들의 토대가 되는 과학적 근거를 살펴봤습니다. 이 공부법들을 단번에 실천하기는 어렵습니다. 틀림없이 소화불량에 걸릴 겁니다. 자신에게 맞을 만한 방법부터 습관화하기를 권합니다. 오늘 배운 것이 여러분이 앞으로 공부하는 데 도움이 되기를 바랍니다.

일동 감사합니다!

6교시 핵심 정리

① 자기결정이론에 따른 마음의 3대 욕구는 자율성, 관계성, 유능성이 있다.

② 외발적 동기 부여는 몸과 마음에 장기적인 악영향을 미친다.

③ 내발적 동기 부여를 가질 때는 외발적 동기 부여에 방해받지 않도록 하고 장기적인 동기 부여를 유지하도록 한다.

④ SMART 목표(p.189)만으로는 외발적 동기 부여에 기울어지는 경향이 있다. ARC 목표(p.192)도 필요하다.

⑤ SMART 목표를 토대로 **SMART 스케줄**을 작성한다.

- 1단계: 목표에 도달하기 위한 단기 SMART 목표를 세운다.

- 2단계: 단기 목표를 달성하기 위한 전략을 세운다.

⑥ 단기 SMART 목표의 기한이 되면 학습 일기를 확장해 **자기 점검**을 실행한다.

- 이번 단기 SMART 목표는 얼마나 달성했나?

- 전체 일정 및 SMART 목표 설정에 재확인이 필요한가?

⑦ 기록(일기 쓰기)은 뇌, 마음, 몸에도 효과적인 최고의 도구이다.

1교시 공부머리 만들기

1.   Dunlosky J, Rawson KA, Marsh EJ, Nathan MJ, Willingham DT (2013), Impro-
      ving students' learning with effective learning techniques: Promising directions
      from cognitive and educational psychology, *Psychological Science in the Public
      Interest*, 14(1), 4-58.

2.   Woloshyn VE, Pressley M, and Schneider W (1992), Elaborative-interrogation and
      prior-knowledge effects on learning of facts, *Journal of Educational Psychology*,
      84, 115-124

3.   Schworm S and Renkl A (2006), Computer-supported example-based learning:
      When instructional explanations reduce self-explanations, *Computers & Education*,
      46, 426-445

4.   Rau MA, Aleven V, and Rummel N (2010), Blocked versus interleaved practice
      with multiple representations in an intelligent tutoring system for fractions. In
      Aleven V, Kay J, Mostow J (Eds.), *Intelligent tutoring systems*, Berlin: Springer-
      Verlag.

5.   Head MH, Readence, JE, and Buss RR (1989), An examination of summary writing
      as a measure of reading comprehension, *Reading Research and Instruction*, 28,
      1-11.

6.   Recht DR and Leslie L (1988), Effect of prior knowledge on good and poor
      readers' memory of text, *Journal of Educational Psychology*, 80, 16-20.

7.   Fowler RL and Barker AS (1974), Effectiveness of highlighting for retention of
      text material, *Journal of Applied Psychology*, 59, 358-364.

8.   Wang AY, Thomas MH, and Ouellette JA (1992), Keyword mnemonic and

retention of second-language vocabulary words, *Journal of Educational Psychology*, 84, 520–528.

9. Giesen C and Peeck J (1984), Effects of imagery instruction on reading and retaining a literary text, *Journal of Mental Imagery*, 8, 79-90.

10. Hodes CL (1992), The effectiveness of mental imagery and visual illustrations: A comparison of two instructional variables, *Journal of Research and Development in Education*, 26, 46-58.

11. Callender AA and McDaniel MA (2009), The limited benefits of rereading educational texts, *Contemporary Educational Psychology*, 34, 30-41.

12. Suzana H (2012), The not extraordinary human brain, *Proceedings of the National Academy of Sciences*, 109(1), 10661-10668.

13. DeWeerdt S (2019), *How to map the brain, Nature*, 571(7766), S6-S8.

14. https://www.nytimes.com/2020/07/25/style/elon-musk-maureen-dowd.html

15. Stanislas Dehaene (2020), How We Learn: Why Brains Learn Better Than Any Machine... for Now, Viking: USA.

16. Lake BM, Ullman TD, Tenenbaum JB, and Gershman SJ (2017), Building machines that learn and think like people, *Behavioral and Brain Sciences*, 40, e253.

17. Dehaene S (2011), *The number sense: How the mind creates mathematics (Revised and updated edition)*, Oxford University Press: USA.

18. Cesana-Arlotti N, Martín A, Téglás E, Vorobyova L, Cetnarski R and Bonatti LL (2018), Precursors of logical reasoning in preverbal human infants, *Science*, 359(6381), 1263-1266.

19. Xu F and Garcia V (2008), Intuitive statistics by 8-month-old infants, *Proceedings of the National Academy of Sciences*, 105(13), 5012-5015.

20. Prado EL and Dewey KG (2014), Nutrition and brain development in early life, *Nutrition Reviews*, 72(4), 267-84.

21. Park DC and Bischof GN (2011), Chapter 7 - Neuroplasticity, Aging, and Cognitive Function, Editor(s): Schaie KW and Willis SL, *Handbooks of Aging, Handbook of the Psychology of Aging(Seventh Edition)*, Academic Press: USA, 109-119.

22. Maguire EA, et al (2000), Navigation-related structural change in the hippocampi of taxi drivers, *Proceedings of the National Academy of Sciences*, 97(8), 4398-4403.

23. Park DC, Lautenschlager G, Hedden T, Davidson NS, Smith AD, and Smith PK (2002), Models of visuospatial and verbal memory across the adult life span, *Psychology and Aging*, 17(2), 299-320.

24. Kühn S and Lindenberger U (2016), Chapter 6 - Research on Human Plasticity in Adulthood: A Lifespan Agenda, Editor(s): Schaie KW and Willis SL, *Handbook of the Psychology of Aging(Eighth Edition)*, Academic Press: USA, 105-123

25. Park DC, Lautenschlager G, Hedden T, Davidson NS, Smith AD, and Smith PK (2002), Models of visuospatial and verbal memory across the adult life span, *Psychology and Aging*, 17(2), 299-320.

26. Cabeza R, Anderson ND, Locantore JK, and McIntosh AR (2002), Aging gracefully: compensatory brain activity in high-performing older adults, *Neuroimage*, 17(3), 1394-402.

27. Cabeza R, Anderson ND, Locantore JK, and McIntosh AR (2002), Aging gracefully: compensatory brain activity in high-performing older adults, *Neuroimage*, 17(3), 1394-402.

28. Park DC and Bischof GN (2011), Chapter 7 - Neuroplasticity, Aging, and Cognitive Function, Editor(s): Schaie KW and Willis SL, *Handbooks of Aging, Handbook of the Psychology of Aging(Seventh Edition)*, Academic Press: USA, 109-119.

29. Dehaene S (2020), *How We Learn: Why Brains Learn Better Than Any Machine... for Now*, Viking: USA.

30. Rasch C, Büchel S, and Gais J (2007), Born odor cues during slow-wave sleep prompt declarative memory consolidation, *Science*, 315(5817), 1426-1429.

31. Gao C, Fillmore P, and Scullin MK (2020), Classical music, educational learning, and slow wave sleep: A targeted memory reactivation experiment, *Neurobiology of Learning and Memory*, 171:107206.

2교시 워킹 메모리 활용법

1. Cowan N (2008), What are the differences between long-term, short-term, and working memory?, *Progress in Brain Research*, 169, 323-338.

2. Baddeley A (2003), Working memory: looking back and looking forward, *Nat-*

ure Reviews Neuroscience, 4, 829-839.

3. Miller G (1956), The magical number seven, plus or minus two: Some limits on our capacity for processing information, *The Psychological Review*, 63, 81-97.

4. Cowan N (2010), The magical mystery four: How is working memory capacity limited, and why?, *Current Directions in Psychological Science*, 19(1), 51-57.

5. Gathercole SE, Pickering SJ, Ambridge B, and Wearing H (2004), The structure of working memory from 4 to 15 years of age, *Developmental Psychology*, 40(2), 177-90.

6. Melby-Lervåg M and Hulme C. (2013), Is working memory training effective? A metaanalytic revie, *Developmental Psychology*, 49(2), 270-91.

7. Kellogg RT (2001), Competition for working memory among writing processes, *The American Journal of Psychology*, 114(2), 175-91.

8. Lewis-Peacock JA and Norman KA (2014), Competition between items in working memory leads to forgetting, *Nature Communications*, 5, 5768.

9. Sana F, Weston T, and Cepeda NJ (2013), Laptop multitasking hinders classroom learning for both users and nearby peers, *Computers & Education*, 62, 24-31.

10. Kuznekoff JH, Munz S, and Titsworth S (2015), Mobile phones in the classroom: Examining the effects of texting, Twitter, and message content on student learning, *Communication Education*, 64(3), 344-65.

11. Rosen LD, Mark CL, and Cheever NA (2013), Facebook and texting made me do it: Media-induced task-switching while studying, *Computers in Human Behavior*, 29(3), 948-958.

12. Rosen LD, Lim AF, Carrier LM, and Cheever NA (2011), An empirical examination of the educational impact of text message-induced task switching in the classroom: educational implications and strategies to enhance learning, *Revista de Psicologia Educativa*, 17(2), 163-177.

13. 초등학생을 대상으로 한 연구는 다음과 같다. Autin F and Croizet JC (2012), Improving working memory efficiency by reframing metacognitive interpretation of task difficulty, *Journal of Experimental Psychology: General*, 141(4), 610-618. 대학생을 대상으로 한 연구는 다음과 같다. Walton GM and Cohen GL (2011), A brief social-belonging intervention improves academic and health outcomes of minority students, *Science*, 331(6023), 1447-51

14. Mayer RE, Bove W, Bryman A, Mars R and Tapangco L (1996), When less is more: Meaningful learning from visual and verbal summaries of science textbook lessons, *Journal of Educational Psychology*, 88(1), 64-73.

15. Menendez D, Rosengren KS and Alibali MW (2020), Do details bug you? Effects of perceptual richness in learning about biological change, *Applied Cognitive Psychology*, 34(5), 1101-17.

16. Rey GD (2012), A review of research and a meta-analysis of the seductive detail effect, *Educational Research Review*, 7(3), 216-237

17. Ariga A and Lleras A (2011), Brief and rare mental "breaks" keep you focused: Deactivation and reactivation of task goals preempt vigilance decrements, *Cognition*, 118(3), 439-443.

18. Danziger S, Levav J and Avnaim-Pesso L (2011), Extraneous factors in judicial decisions, *Proceedings of the National Academy of Sciences*, 108:6889-92.

19. Chen O, et al (2018), Extending cognitive load theory to incorporate working memory resource depletion: evidence from the spacing effect, *Educational Psychology Review*, 30, 483-501

20. https://francescocirillo.com/pages/pomodoro-technique

21. Oakley B, Sejnowski T and McConville A (2018), *Learning How to Learn: How to Succeed in School Without Spending All Your Time Studying; A Guide for Kids and Teens*, Penguin Random House: New York.

22. https://desktime.com/blog/17-52-ratio-most-productive-people/

23. Pozen RC (2012), *Extreme Productivity: Boost Your Results, Reduce Your Hours(Illustrated Edition)*, Harper Business: USA.

24. Medina J (2014), *Brain Rules: 12 Principles for Surviving and Thriving at Work, Home, and School*, Pear Press: Seattle.

25. Bergouignan A et al (2016), Effect of frequent interruptions of prolonged sitting on self-perceived levels of energy, mood, food cravings and cognitive function, *International Journal of Behavioral Nutrition and Physical Activity*, 13, 113.

26. Methot JR, Rosado-Solomon EH, Downes P and Gabriel AS (2020), Office chit-chat as a social ritual: The uplifting yet distracting effects of daily small talk at work, *Academy of Management Journal*, https://doi.org/10.5465/amj.2018.1474

27. Felsten G (2009), Where to take a study break on the college campus: An

attention restoration theory perspective, *Journal of Environmental Psychology*, 29(1), 160-167.

28. Cheng D and Wang L (2015), Examining the Energizing Effects of Humor: The Influence of Humor on Persistence Behavior, *Journal of Business and Psychology*, 30, 759-772.

29. Posner MI and Rothbart MK (2007), *Educating the human brain*. American Psychological Association.

30. Norris CJ et al (2018), Brief Mindfulness Meditation Improves Attention in Novices: Evidence From ERPs and Moderation by Neuroticism, *Frontiers in Human Neuroscience*, 12, 315.

31. 星友啓著 (2020),《スタンフォード式生き抜く力》, ダイヤモンド社

32. 낮잠에 관한 연구는 다음과 같다. Milner CE and Cote KA (2009), Benefits of napping in healthy adults: impact of nap length, time of day, age, and experience with napping, *Journal of Sleep Research*, 18(2), 272-81. 간식에 관한 연구는 다음과 같다. Masoomi H, Taheri M, Irandoust K, H'Mida C and Chtourou H (2020), The relationship of breakfast and snack foods with cognitive and academic performance and physical activity levels of adolescent students, *Biological Rhythm Research*, 51(3), 481-488.

33. Mantua J and RMC Spencer RMC (2015), The interactive effects of nocturnal sleep and daytime naps in relation to serum C-reactive protein, *Sleep Medicine*, 16(10), 1213-1216.

34. Correa-Burrows P, Burrows R, Orellana Y, and Ivanovic D (2015), The relationship between unhealthy snacking at school and academic outcomes: a population study in Chilean schoolchildren, *Public Health Nutrition*, 18(11), 2022-2030.

35. Beaman CP (2005), Auditory distraction from low-intensity noise: A review of the consequences for learning and workplace environments, *Applied Cognitive Psychology*, 19(8), 1041–1064.

36. Sellaro R et al (2015), Preferred, but not objective temperature predicts working memory depletion, *Psychological Research*, 79, 282-288.

37. Fisher AV, Godwin KE, and Seltman H (2014), Visual environment, attention allocation, and learning in young children: when too much of a good thing may be bad, *Psychological Science*, 25(7), 1362-1370.

38. Park DC, Lautenschlager G, Hedden T, Davidson NS, Smith AD, and Smith PK (2002), Models of visuospatial and verbal memory across the adult life span, *Psychology and Aging*, 17(2), 299-320.

3교시 최강의 기억 학습법

1. Roediger HL and Butler AC (2011), The critical role of retrieval practice in long-term retention, *Trends in Cognitive Sciences*, 15, 20-27.
2. Roediger HL and Karpicke JD (2006), Test-enhanced learning: Taking memory tests improves long-term retention, *Psychological Science*, 17(3), 249-255.
3. Lyle KB and Crawford NA (2011), Retrieving essential material at the end of lectures improves performance on statistics exams, *Teaching of Psychology*, 38(2), 94-97.
4. Karpicke JD and Blunt JR (2011), Retrieval practice produces more learning than elaborative studying with concept mapping, *Science*, 331(6018), 772-5.
5. Nadel L, Hupbach A, Gomez R, and Newman-Smith K (2012), Memory formation, consolidation and transformation, *Neuroscience and Biobehavioral Reviews*, 36(7), 1640-5.
6. Roediger, HL, Putnam AL, Smith MA (2011), Ten benefits of testing and their applications to educational practice, *Psychology of Learning and Motivation*, 44, 1-36.
7. Roediger HL and Karpicke JD (2006), Test-enhanced learning: taking memory tests improves long-term retention, *Psychological Science*, 17(3), 249-255.
8. Roediger HL and Karpicke JD (2006), Test-enhanced learning: taking memory tests improves long-term retention, *Psychological Science*, 17(3), 249-255.
9. Tauber SK, Witherby AE, Dunlosky J, Rawson KA, and Putnam AL and Roediger HL III (2018), Does covert retrieval benefit learning of key-term definitions?, *Journal of Applied Research in Memory and Cognition*, 7(1), 106–115.
10. Arnold KM and McDermott KB (2013), Free recall enhances subsequent learning, *Psychonomic Bulletin and Review*, 20(3), 507-13.

11. Zaromb FM and Roediger HL (2010), The testing effect in free recall is associated with enhanced organizational processes, *Memory and Cognition*, 38, 995–1008.

12. Karpicke JD and Blunt JR (2011), Retrieval practice produces more learning than elaborative studying with concept mapping, *Science*, 331(6018), 772-5.

13. Rowland CA and DeLosh EL (2014), Benefits of testing for nontested information: Retrieval-induced facilitation of episodically bound material, *Psychonomic Bulletin and Review*, 21(6), 1516–1523.

14. Weinstein Y, McDermott KB and Roediger HL III (2010), A comparison of study strategies for passages: Rereading, answering questions, and generating questions, *Journal of Experimental Psychology: Applied*, 16(3), 308–316.

15. Benjamin AS and Tullis J (2010), What makes distributed practice effective?, *Cognitive Psychology*, 61, 228–247.

16. Bahrick HP (1979), Maintenance of knowledge: Questions about memory we forgot to ask, *Journal of Experimental Psychology: General*, 108, 296–308.

17. Cepeda NJ, Vul E, Rohrer D, Wixted JT and Pashler H (2008), Spacing effects in learning: A temporal ridgeline of optimal retention, *Psychological Science*, 19(11), 1095-1102.

18. Rohrer D (2012), Interleaving helps students distinguish among similar concepts, *Educational Psychology Review*, 24, 355–367.

19. Hausman H and Kornell N (2014), Mixing topics while studying does not enhance learning, *Journal of Applied Research in Memory and Cognition*, 3, 153-160.

20. Yan VX, Soderstrom NC, Seneviratna GS, Bjork EL, and Bjork RA (2017), How should exemplars be sequenced in inductive learning? Empirical evidence versus learners' opinions, *Journal of Experimental Psychology: Applied*, 23(4), 403-416.

4교시 | 메타인지 각성법

1. Schraw G and Dennison RS (1994), Assessing metacognitive awareness, *Contemporary Educational Psychology*, 19(4), 460-475.

2. Veenman MVJ, Van Hout-Wolters BHAM and Afflerbach P (2006), Metacognition

and learning: conceptual and methodological considerations, *Metacognition Learning*, 1, 3-14.

3. Muijs D and Bokhove C (2020), Metacognition and self-regulation: evidence review, *London: Education Endowment Foundation*.

4. Bransford JD, Brown AL and Cocking RR (2000), *How people learn: Brain, mind, experience, and school*, National Academy Press: Washington DC.

5. Kruger J and Dunning D (1999), Unskilled and unaware of it: how difficulties in recognizing one's own incompetence lead to inflated self-assessments, *Journal of Personality and Social Psychology*, 77(6), 1121-34.

6. Dunning D (2005), *Self-insight: Roadblocks and detours on the path to knowing thyself*, Psychology Press: New York.

7. Stanislas Dehaene (2020), *How We Learn: Why Brains Learn Better Than Any Machine... for Now*, Viking: USA.

8. LaLumiere RT (2014), 5 - Dopamine and Memory, Editor(s): Meneses A, *Identification of Neural Markers Accompanying Memory*, Elsevier, 79-94.

9. Kang MJ et al (2009), The Wick in the candle of learning: epistemic curiosity activates reward circuitry and enhances memory, *Psychological Science*, 20(8), 963-973.

10. Agarwal P and Bain P and Chamberlain R (2012), The value of applied research: retrieval practice improves classroom learning and recommendations from a teacher, a principal, and a scientist, *Educational Psychology Review*, 24. 10.1007/s10648-012-9210-2.

11. Moser JS, Schroder HS, Heeter C, Moran TP, and Lee YH (2011), Mind your errors: evidence for a neural mechanism linking growth mind-set to adaptive posterror adjustments, *Psychological Science*, 22(12), 1484-9.

12. Rescorla RA and Wagner A (1972) A theory of Pavlovian conditioning: Variations in the effectiveness of reinforcement and nonreinforcement.

13. Pessiglione M, Seymour B, Flandin G, Dolan RJ, and Frith CD (2006), Dopaminedependent prediction errors underpin reward-seeking behaviour in humans, *Nature*, 442(7106), 1042-5.

14. Moser JS, Schroder HS, Heeter C, Moran TP, and Lee YH (2011), Mind your errors: evidence for a neural mechanism linking growth mind-set to adaptive

posterror adjustments. *Psychological Science*, 22(12), 1484-9.

15. Zahrt OH and Crum AJ (2017), Perceived physical activity and mortality: Evidence from three nationally representative U.S. samples, *Health Psychology*, 36(11), 1017-1025.

16. Crum AJ and Langer EJ (2007), Mind-set matters: exercise and the placebo effect, *Psychological Science*, 18(2), 165-71.

17. Ranganathan VK, Siemionow V, Liu JZ, Sahgal V and Yue GH (2004), From mental power to muscle power-gaining strength by using the mind, *Neuropsychologia*, 42(7), 944-56.

18. キャロル・S・ドウェック (2020),《マインドセット: 'やればできる!'の研究》,草思社

19. Boaler J (2019), *Limitless Mind: Learn, Lead, and Live Without Barriers*, Harper Collins Publishers: New York.

20. Blackwell LS, Trzesniewski KH and Dweck CS (2007), Implicit theories of intelligence predict achievement across an adolescent transition: A longitudinal study and an intervention, *Child Development*, 78, 246-263.

21. Gezer-Templeton PG, Mayhew EJ, Korte DS and Schmidt SJ (2017), Use of exam wrappers to enhance students' metacognitive skills in a large introductory food science and human nutrition course, *Journal of Food Science Education*, 16, 28-36.

5교시 격차를 만드는 두뇌 활용법

1. Finlay BL (2009), Brain Evolution: Developmental constraints and relative developmental growth, Editor(s): Squire LR, Encyclopedia of Neuroscience, *Academic Press*, 337-345.

2. Dunbar RIM (1992), Neocortex size as a constraint on group size in primates, *Journal of Human Evolution*, 22(6), 469-493.

3. Clark I and Dumas G (2015), Toward a neural basis for peer-interaction: what makes peer-learning tick?, *Frontiers in Psychology*, 6(28), https://doi.org/10. 3389/fpsyg.2015.00028.

4. Salamone JD and Correa M (2012), The mysterious motivational functions of

mesolimbic dopamine, *Neuron*, 76(3), 470-85.

5.   Apps MA and Ramnani N (2014), The anterior cingulate gyrus signals the net value of others' rewards, *Journal of Neuroscience*, 34(18), 6190-200.

6.   Wise R (2004), Dopamine, learning and motivation, *Nature Review Neuroscience*, 5, 483-4

7.   Dumas G, Nadel J, Soussignan R, Martinerie J, and Garnero L (2010), Inter-brain synchronization during social interaction, *PLoS One*, 5(8), e12166.

8.   Sandrone S (2013), Self through the mirror (neurons) and default mode network: What neuroscientists found and what can still be found there, *Frontiers in Human Neuroscience*, 7, 383, doi: 10.3389/fnhum.2013.00383.

9.   Nelson EE, Leibenluft E, McClure EB, and Pine DS (2005), The social re-orientation of adolescence: a neuroscience perspective on the process and its relation to psychopathology, *Psychological Medicine*, 35, 163-174.

10.   Rottschy C, Langner R, Dogan I, Reetz K, Laird AR, and Eickhoff SB (2012), Modeling neural correlates of working memory: a coordinate-based meta-analysis, *Neuroimage*, 60, 830-846.

11.   Compayre G and Payne WH (2003), *History of Pedagogy*, Kessinger Publishing: New York.

12.   Organization for Economic Cooperation and Development/Centre for Educational Research and Innovation (OECD/CERI) (2005), *Formative Assessment: Improving Learning in Secondary Classrooms*, CERI/OECD: Paris

13.   Vygotsky LS (1978), *Mind in Society: The Development of Higher Psychological Processes*, Harvard University Press: Cambridge.

14.   Hamilton DL, Katz LB, and Leirer VO (1980), Cognitive representations of personality impressions: organizational processes in first impression formation, *Journal of Personality and Social Psychology*, 39, 1050-1063.

15.   Nestojko JF, Bui DC, Kornell N, and Bjork EL (2014), Expecting to teach enhances learning and organization of knowledge in free recall of text passages, *Memory and Cognition*, 42(7), 1038-48.

16.   Clark I and Dumas G (2015), Toward a neural basis for peer-interaction: what makes peer-learning tick?, *Frontiers in Psychology*, 6(28), https://doi.org/10.3389/fpsyg.2015.00028.

17. Mitchell JP, Macrae CN and Banaji MR (2004), Encoding-specific effects of social cognition on the neural correlates of subsequent memory, *Journal of Cognitive Neuroscience*, 24, 4912-4917.

18. Rohrbeck CA, Ginsburg-Block MD, Fantuzzo JW and Miller TR (2003), Peer-assisted learning interventions with elementary school students: a meta-analytic review, *Journal of Educational Psychology*, 95, 240-257.

19. Hall L, Johansson P, Tärning B, Sikström S and Deutgen T (2010), Magic at the marketplace: Choice blindness for the taste of jam and the smell of tea, *Cognition*, 117(1), 54-61.

10. Pronin E, Berger J and Molouki S (2007), Alone in a crowd of sheep: asymmetric perceptions of conformity and their roots in an introspection illusion, *Journal of Personality and Social Psychology*, 92, 585-595.

21. Frith CD (2012), The role of metacognition in human social interactions, *Philosophical transactions of the Royal Society of London. Series B, Biological sciences*, 367(1599), 2213-2223.

22. Murayama K and Elliot A (2011), Achievement motivation and memory: achievement goals differentially influence immediate and delayed remember–know recognition memory, *Personality and Social Psychology Bulletin*, 37(10), 1339-1348.

23. Lee M, Ahn HS, Kwon SK, Kim SI (2018), Cooperative and competitive contextual effects on social cognitive and empathic neural responses, *Frontiers in Human Neuroscience*, 12, 218. doi:10.3389/fnhum.2018.00218.

6교시 공부를 위한 마인드셋

1. Ryan RM and Deci EL (2017), *Self-Determination Theory: Basic psychological needs in motivation. development, and wellness*, Guilford Press: New York.

2. Murayama K, Izuma K, Aoki R and Matsumoto K (2016), "Your Choice" motivates you in the brain: The emergence of autonomy neuroscience, *Recent Developments in Neuroscience Research on Human Motivation (Advances in Motivation and Achievement, Vol. 19)*, Emerald Group Publishing Limited, Bingley, 95-125.

3. Deci EL and Flaste R (1996), *Why we do what we do: understanding self-motivation*, Penguins Books: New York.

4. Deci EL (1971), Effects of externally mediated rewards on intrinsic motivation, *Journal of Personality and Social Psychology*, 18(1), 105-115.

5. Kasser, T and Ryan RM (1993), A dark side of the American dream: Correlates of financial success as a central life aspiration, *Journal of Personality and Social Psychology*, 65(2), 410-422.

6. Kasser T and Ryan RM (1996), Further examining the American dream: Differential correlates of intrinsic and extrinsic goals, *Personality and Social Psychology Bulletin*, 22(3), 280-287.

7. Williams GC, Cox EM, Hedberg V and Deci EL (2000), Extrinsic life goals and health risk behaviors in adolescents, *Journal of Applied Social Psychology*, 30, 1756-1771.

8. Kasser T and Ryan RM (2001), Be careful what you wish for: Optimal functioning and the relative attainment of intrinsic and extrinsic goals. In Schmuck P and Sheldon KM(Eds.), *Life goals and well-being: Towards a positive psychology of human striving*, Hogrefe & Huber Publishers, 116-131.

9. Ryan RM and Deci EL (2017), *Self-Determination Theory: Basic psychological needs in motivation, development, and wellness*, Guilford Press: New York.

10. Sheldon KM and Krieger LS (2014), Service job lawyers are happier than money job lawyers, despite their lower income, *Journal of Positive Psychology*, 9(3), 219-226.

11. Vansteenkiste, M, Simons J, Lens W, Soenens B, Matos L and Lacante M (2004), Less is sometimes more: Goal content matters, *Journal of Educational Psychology*, 96(4), 755-764.

12. Davis W, Kelley N, Kim J, Tang D and Hicks J (2016), Motivating the academic mind: High-level construal of academic goals enhances goal meaningfulness, motivation, and self-concordance, *Motivation and Emotion*, 40, 193-202.

13. Pennebaker JW (1997), Writing about emotional experiences as a therapeutic process, *Psychological Science*, 8, 162-166.

14. Lieberman MD, Eisenberger NI, Crockett MJ, Tom SM, Pfeifer JH, and Way BM (2007), Putting Feelings Into Words: affect labeling disrupts amygdala activity

in response to affective stimuli, *Psychological Science*, 18(5), 421-428.

15.   Schroder HS, Moran TP, and Moser JS (2018), The effect of expressive writing on the error related negativity among individuals with chronic worry, *Psychophysiology*, 55, e12990.

16.   Scullin MK, Krueger ML, Ballard HK, Pruett N and Bliwise DL (2018), The effects of bedtime writing on difficulty falling asleep: A polysomnographic study comparing to-do lists and completed activity lists, *Journal of Experimental Psychology: General*, 147(1), 139-146.

공부의 알고리즘

1판 1쇄 인쇄 2022년 4월 20일
1판 1쇄 발행 2022년 5월 4일

지은이 호시 도모히로
옮긴이 홍성민

발행인 양원석 **편집장** 김건희 **책임편집** 서수빈
디자인 구혜민, 김미선 **영업마케팅** 윤유성, 김보미, 박소정

펴낸 곳 ㈜알에이치코리아
주소 서울시 금천구 가산디지털2로 53, 20층 (가산동, 한라시그마밸리)
편집문의 02-6443-8903   **도서문의** 02-6443-8800
홈페이지 http://rhk.co.kr
등록 2004년 1월 15일 제2-3726호

ISBN 978-89-255-7840-8 (03190)

※ 이 책은 ㈜알에이치코리아가 저작권자와의 계약에 따라 발행한 것이므로
   본사의 서면 허락 없이는 어떠한 형태나 수단으로도 이 책의 내용을 이용하지 못합니다.
※ 잘못된 책은 구입하신 서점에서 바꾸어 드립니다.
※ 책값은 뒤표지에 있습니다.